hänssler

Michael Green

Einer liebt Dich

Dieses Buch ist denen gewidmet,
die nie ein religiöses Buch lesen.

Die Deutsche Bibliothek – CIP-Einheitsaufnahme

Green, Michael:
Einer liebt Dich / Michael Green. [Aus dem Engl. übers. von Viktor Dewsberry]. – 4., überarb. Aufl. – Neuhausen-Stuttgart : Hänssler, 1994
(TELOS-Bücher : Nr. 7605 : TELOS-Taschenbuch)
ISBN 3-7751-1849-7
NE: GT

4., überarbeitete Auflage 1994
TELOS-Taschenbuch Nr. 7605
Bestell-Nr. 77.605

Published by Hodder an Stoughton, a division of Hodder and Stoughton Ltd., Mill Road, Dunton Green, Sevenoaks, Kent
Originaltitel: Why Bother With Jesus
Aus dem Englischen neu übersetzt von Victor Dewsberry, Berlin

Bibelzitate nach Luther '84, soweit nicht anders vermerkt
Die erste Auflage des vorliegenden Buches erschien unter dem Titel »Schon über Jesus nachgedacht?« als TELOS-Taschenbuch 5020.
Titelbild: Patty Cabrera (Pila music/Word Inc)
Umschlaggestaltung: Heide Schnorr v. Carolsfeld
Satz: AbSatz Ewert-Mohr
Printed in Germany

Inhalt

AN MEINE LESERINNEN UND LESER ...

Nach einem Gottesdienst stand ich an der Kirchentür. Ein Mitarbeiter unserer Gemeinde brachte einen Freund zu mir, und dieser Freund meinte: »An Gott glaube ich – aber ist Jesus denn so wichtig? Können Sie mir ein gutes Buch zu diesem Thema empfehlen?«

Auf Anhieb fiel mir dazu nichts ein. Auch nachher, als ich mir den Kopf darüber zerbrach, konnte ich an keinen einzigen Titel denken, der mit dem Ziel entstanden wäre, die moderne Gleichgültigkeit gegenüber Jesus in irgendeiner Weise zu durchbrechen.

Ist Jesus überhaupt wichtig?

Ich fand es – und finde es immer noch – unglaublich, daß so viele Zeitgenossen auf das größte Menschenleben aller Zeiten schauen können und dabei sagen: »Na und? Ist das überhaupt wichtig?«

Ich möchte nun ein Störenfried sein und diese Gleichgültigkeit in Frage stellen.

Deshalb habe ich es nicht gescheut, mich in diesem kleinen Buch deutlich auszudrücken.

1

WARUM IST JESUS SO WICHTIG?

Vor zehn Jahren meinten viele, die Wissenschaft hätte den Beweis erbracht, daß Gott nicht existiere, und daß es nur wenig gäbe, was über die sichtbare, gegenwärtige Welt hinausgehe. Heute ist man viel vorsichtiger geworden. Es mehren sich die Hinweise darauf, daß tatsächlich eine geistliche Welt existiert, die mehr ist als das, was wir nur sehen, berühren, schmecken, hören und riechen können. Viele versuchen, diese Erkenntnisse irgendwie einzuordnen, und dabei suchen sie an vielen Orten nach Antworten.

In unserer ach so gebildeten Welt ist es erstaunlich, daß Hexen und schwarze Magie Konjunktur haben wie nie zuvor. Der Islam ist auch unter Europäern auf dem Vormarsch. Der Hinduismus hat größeren Einfluß als je zuvor in der Geschichte, und das gilt auch für transzendentale Meditation, östliche Mystik, die Denkschemen des New Age und die zahlreichen Gurus, nach denen bekannte Persönlichkeiten wie Shirley McLaine sich richten. Neue Religionen und spirituelle Gruppen schießen wie Pilze aus dem Boden. Heute läuten nicht nur Mormonen und Zeugen Jehovas an Ihrer Tür; vielleicht tanzen auch Hari-Krischna-Anhänger in Ihrer Straße. Buchhandlungen mit allgemeinem Sortiment bieten eine wohlsortierte Palette von Titeln über New Age und Esoterik, und das Interesse an diesen Themen ist so stark, daß auch spezialisierte Buchhandlungen rentabel sind. Wenn wir diejenigen hinzuzählen, die an UFOs glauben oder Horoskope lesen, müssen wir feststellen, daß unsere Zeit nicht lediglich religiös ist, sondern daß wir süchtig nach dem Übernatürlichen sind. Der Supermarkt des Übersinnlichen ist ein florierendes Geschäft.

Warum sollten wir nun mitten im Gewühl des Glaubens und Aberglaubens, das sich in unserer Gesellschaft breitmacht, ausgerechnet auf Jesus Christus achten? Schließlich bestimmt er die religiöse Szene seit zweitausend Jahren. Bei allem Respekt für den Gründer des Christentums müssen wir konstatieren, daß es seinen Anhängern nicht sehr gut gelungen ist, diejenigen für ihren Herrn zu begeistern, die diesem Glauben fernstehen. Wenn irgendein Gott oder irgendein Glaube die inneren Bedürfnisse stillt, dann ist Jesus doch nicht so wichtig. Oder?

Diese Frage ist äußerst bedeutend, und das vorliegende Buch widmet sich der Aufgabe, sie zu beantworten. Vielleicht fragen Sie sich, wo Sie sich unter den Weltreligionen und neuen Religionen hinwenden sollen. Ich möchte Ihnen jetzt schon eine vorläufige Antwort anbieten.

EIN ECHTER GLAUBE MUSS WAHR SEIN

Wenn Sie sich an einem schönen Märchen orientieren, wird dieses Märchen in Ihrer Sterbestunde keine Stütze sein. Sie werden es nicht mit voller Überzeugung leben und vertreten können. Tief in Ihrem Inneren wissen Sie, daß dieser Glaube Sie nicht befriedigen kann, wenn er nicht wahr ist. Es ist bekannt, daß religiöse Gruppen wie die Mormonen, die Zeugen Jehovas und die »Christliche Wissenschaft« an dieser Hürde scheitern. Schon bei ihren Anfängen waren Betrug und Verfälschungen im Spiel. Ihre Anhänger können noch so freundlich sein, ihre Lehren noch so angenehm – die Wahrheitsprüfung bestehen sie trotzdem nicht. Jesus aber besteht diese Prüfung. Er ist nicht nur wahr; er ist selbst die Wahrheit.

EIN ECHTER GLAUBE MUSS RELEVANT SEIN

Ein Glaube mag wahr sein, aber wenn er keine Bedeutung für das Alltagsleben hat, will ich ihn gar nicht haben. Viel von dem, was als Christentum ausgegeben wird, hat keinen besonderen Einfluß auf das Leben der Gottesdienstbesucher. Die Menschen werden dadurch nicht glücklicher, freundlicher, ehrlicher oder umgänglicher als andere, die nicht in die Kirche gehen. Wenn das Christentum nur daraus bestünde, sonntags in die Kirche zu gehen, käme ich auch zu dem Schluß, daß Jesus nicht wichtig ist.

EIN ECHTER GLAUBE MUSS MENSCHEN VERÄNDERN KÖNNEN

Wenn der Glaube mir meine Angst nicht nimmt, besonders die Angst vor dem Tod; wenn er eingefahrene Gewohnheiten nicht verändern kann; wenn er mein schlechtes Gewissen nicht von der Schuld befreien kann – dann brauche ich diesen Glauben nicht. Sie vermutlich auch nicht. Das Beste an Jesus liegt jedoch genau hier. Keiner war je so schlecht, daß Jesus ihn nicht angenommen hätte, und keiner, der Jesus persönlich kennenlernte, blieb unverändert.

EIN ECHTER GLAUBE MUSS HOFFNUNG FÜR DIE GESELLSCHAFT BIETEN

Wenn der Glaube nur etwas für den Einzelnen ist, ist er kleinkariert. Wenn er aber nur auf die Gesellschaft gerichtet ist, ist er unpersönlich. Es gehört zum Wunderbaren am Christentum, daß dieser Glaube nicht nur einzelne Menschen verwandelt, sondern in vielen Ländern neue Impulse in der Erziehung, im Gesundheitswesen, in den Gesellschaftsstrukturen und in den Idealen der Menschen bewirkt hat. Der christliche Glaube unterscheidet sich vom Kommunismus, denn alle Jünger Jesu haben die Hoffnung auf Erfüllung – nicht nur diejenigen, die am Ende der Entwicklung stehen. Er unterscheidet sich dadurch vom Buddhismus, der uns die Auslöschung des Einzelnen vorhält (indem alle in dem Einen aufgehen), daß Jesus versprach, seine Jünger würden für immer im Haus seines Vaters sein. Dort wird jeder Einzelne dabei sein, und jeder wird wichtig sein. Das tragende Element wird die Liebe sein, und nicht das Vergessen.

EIN ECHTER GLAUBE MUSS ALLE MENSCHEN ANSPRECHEN

Wenn ein Glaube wahr sein soll, muß er für alle Menschen wahr sein. Der Islam wendet sich vor allem an Araber und an Menschen in den Gebieten, die die Araber besiedelt haben. Der Buddhismus und der Hinduismus sprechen hauptsächlich das orientalische Temperament an. Der Kommunismus richtet sich an die Unterdrückten, der Zen an die Überarbeiteten. Aber Jesus ist ein Mann für alle Rassen und alle Zeiten. Ob reich oder arm, ob Eskimo oder Nubier, ob gebildet oder primitiv; das Evangelium wendet sich an alle Menschen. Etwas anderes würden wir gar nicht erwarten, wenn es Gottes Wahrheit darstellen soll.

Das sind also einige Elemente, die mir an einem Glauben wichtig wären, der mich durch das ganze Leben und auch im Tod tragen soll. Er müßte wahr und relevant sein und die Kraft haben, das Leben einzelner Menschen und einer ganzen Gesellschaft zu verändern. Er müßte die tiefsten Bedürfnisse des Menschen stillen, und er müßte für alle Menschen in allen Ländern gleichermaßen gültig und attraktiv sein. Wenn Sie diese Kriterien auf andere Religionen anwenden, werden Sie vielleicht erkennen, warum ich für Jesus von Nazareth schwärme. Nur er kann alle Bedingungen erfüllen, die ein echter Glaube erfüllen muß. Deshalb ist Jesus doch wichtig.

Ich kann aber nicht von Ihnen verlangen, daß Sie mir das so schnell abnehmen. Deshalb sollten wir etwas gründlicher an diese Frage herangehen. In den kurzen Kapiteln dieses Buches hoffe ich, Ihnen viele Gründe aufzuzeigen, warum Jesus wichtig ist.

2

WEIL ER ECHT IST

Viele Zeitgenossen halten Jesus für unecht. Sie sehen ihn als eine Märchenfigur wie Aschenputtel, oder den Helden einer alten Sage wie Siegfried. In der Familie lernen die meisten recht wenig über ihn; ihre Vorstellung von Jesus geht auf den Religionsunterricht zurück oder auf den Kindergottesdienst, den sie besuchen mußten, damit die Eltern die Sonntagszeitung in Ruhe lesen konnten. Warum sollten solche Menschen Jesus jetzt auf einmal wichtig finden?

Wenn Sie einen Bergsteiger fragen, warum es ihm wichtig ist, die Zugspitze oder den Everest zu besteigen, wird er antworten: »Weil der Berg da ist.« Darin liegt auch ein guter Grund, Jesus wichtig zu nehmen. Er ist da. Er ist eine echte Persönlichkeit der Geschichte, nicht eine Legende, ein Mythos oder eine Märchenfigur.

WÄRE JESUS NICHT ECHT, GÄBE ES KEINE KIRCHE

Ob Sie die Kirche gut finden oder nicht, sie können nicht einfach darüber hinwegsehen, daß etwa fünfzehnhundert Millionen Menschen auf der ganzen Welt ihren Glauben auf eine historische Persönlichkeit, Jesus von Nazareth, beziehen. Die ersten Christen waren alle Juden; ihre Religion basierte auf der Religion Israels. Es bestand nur ein Unterschied. Die ersten Christen waren überzeugt, daß der große Erlöser, auf den die Juden warteten, in der Person Jesu von Nazareth schon erschienen war. Etwa um das Jahr 30 n. Chr. ging diese neue Bewegung, das sogenannte Christentum, aus dem Judentum hervor. Sie hatte nichts Bemerkenswertes an sich, außer der freudigen Überzeugung, daß der Erlöser gekommen war. Er war an einem Kreuz hingerichtet worden und hatte dort, in irgendeiner geheimnisvollen Weise, das Schlechte und Eigennützige der Menschen gelöst. Er war wieder zum Leben erwacht, und man konnte ihn kennenlernen. Er war dabei, eine neue Gesellschaftsordnung aufzubauen – die christliche Gemeinde.

Die Bewegung breitete sich schnell aus. Innerhalb von dreißig Jahren gab es Christen in allen wichtigen Städten des römischen Reiches. Diese Christen waren eine seltsame Gruppe – ein Gemisch aus Juden und Griechen. Kaum einer von ihnen hatte gesellschaftlichen Rang oder Einfluß, und trotzdem wuchs die Bewegung. Sie waren anscheinend sehr glücklich und uneigennützig, vollkommen überzeugt, daß ihnen alles vergeben war, und sie hatten eine große Liebe für andere. Sie waren ein merkwürdiges Phänomen. Ihre »Liebe« war ein wenig suspekt, denn sie nannten sich Brüder und Schwestern und aßen angeblich einen menschlichen Leib und tranken menschliches Blut. Sehr verdächtig! Solchen Menschen konnte Kaiser Nero die Schuld an der Verbrennung Roms im Jahr 64 geben (obwohl er wahrscheinlich selbst den Brand verursachte, um die Gärten an seinem Palast zu vergrößern). Aber ob sie beliebt waren oder nicht, der Ursprung des Christentums geht eindeutig auf eine geschichtliche Person zurück. Eine andere Erklärung gibt es nicht.

DIE EVANGELIEN ZEIGEN, DASS JESUS ECHT WAR

In den Evangelien begegnen wir einer neuartigen Literaturgattung, die aus der neuen Bewegung entstand. Vorher hatte noch keiner ein »Evangelium« geschrieben. Es gibt vier davon, die von Jüngern Jesu oder ihren Mitarbeitern geschrieben wurden. Vieles von dem enthaltenen Material wurde offensichtlich zunächst mündlich weitergegeben, bevor es etwa dreißig bis vierzig Jahre nach dem Tod Jesu schriftlich niedergelegt wurde. Die Evangelien wurden von verschiedenen Menschen mit verschiedenen Perspektiven verfaßt, aber die zentrale Person ist für alle die gleiche. Alle leben von der Faszination von Jesus. Er hinterließ einen so einzigartigen Eindruck bei den Menschen, daß normale Kategorien der Geschichte und der Biographie nicht ausreichten. Sie mußten eine neue Gattung schaffen, um diesem einzigartigen Mann gerecht zu werden. Vielleicht haben Sie gehört, viele Änderungen und Ausschmückungen seien am Text der Evangelien vorgenommen worden. Tatsache ist jedoch, daß die Manuskripte der Evangelien viel besser belegt sind als bei allen anderen Texten der Antike. Bei anderen Werken sind die ersten Kopien verlorengegangen, und die ältesten noch vorhandenen Manuskripte entstanden etwa tausend Jahre nach dem Original. Und in der Regel können wir den Urtext nur aufgrund von ein bis zwei alten Manuskripten rekonstuieren. Bei den Evangelien haben wir jedoch Manuskripte, die etwa hundert Jahre nach den Originalen entstanden, und es gibt Hunderte von alten Handschriften in einem Dutzend verschiedener Sprachen. Wir können absolut sicher sein, daß die Evangelien heute noch etwa so vorhanden sind, wie sie ursprünglich formuliert wurden. Sie sind so echt und zuverlässig wie der Jesus, den sie schildern.

DIE GESCHICHTSSCHREIBER DER RÖMER ZEIGEN, DASS JESUS ECHT WAR

Das ist eigentlich sehr merkwürdig, denn mit ihrem Hang zum Literarischen waren die Römer eher auf Aristokratie eingestellt. Warum sollten sie sich um einen Prediger kümmern, der aus einem Dorf am Ende der damaligen Welt, aus Judäa, stammte? Trotzdem schrieben einige über ihn. Plinius war etwa im Jahr 112 Statthalter der nördlichen Türkei, der Gegend am Schwarzen Meer. Er schrieb viele Briefe an den Kaiser, die bis heute erhalten sind. Er erzählte von den Christen, von ihrer Anzahl, ihrem Einfluß (z. B. war der Verkauf von Menschen als Opfer im heidnischen Tempel auf Null gesunken!), von ihren Gottesdiensten (früh am Morgen, mit Liedern, die Christus als Gott ansprachen), ihrem liebenden, harmlosen Lebensstil und der bedauerlichen Tatsache, daß sie nicht auf ihn hörten, wenn er ihnen befahl, das Christentum aufzugeben. Er hatte schon viele hingerichtet, aber trotzdem konnte er die Bewegung nicht auslöschen. Alles weitere können Sie in seinen Briefen nachlesen (10:96).

Ein weiterer aristokratischer Geschichtsschreiber der Römer hieß Cornelius Tacitus und war Statthalter der reichen Provinz Kleinasien (heute die Zentraltürkei und die Mittelmeerküste). Er berichtete, wie Kaiser Nero den Christen die Schuld am Brand Roms im Jahr 64 gab. Er erzählte, mir welcher Grausamkeit sie behandelt wurden: manchen wurden Tierfelle angezogen, damit sie von Hunden zerrissen würden, andere wurden mit Pech überzogen und nachts in den Gärten Neros angezündet. Tacitus hatte Mitleid mit ihnen, aber er mochte sie nicht. Mit gebildeter Verachtung schrieb er:

> Der Name »Christ« stammt von Christus, der während der Herrschaft des Tiberius vom Statthalter Pontius Pilatus hingerichtet wurde; dieser schädliche Glaube wurde eine Weile unterdrückt, brach aber dann wieder hervor und verbreitete sich nicht nur durch ganz Judäa, dem Ursprungsland dieser Krankheit, sondern auch in Rom selbst, wo alles Abscheuliche sich ausbreitet und gefeiert wird (Annalen 15:44).

Es gibt viele andere Hinweise aus dem Römischen Reich, daß Jesus eine echte Person aus der jüngsten Geschichte war. Die Städte Pompeji und Herkulaneum wurden im Jahr 79 von einem Vulkan zerstört, und in den Ruinen sind christliche Mosaiken, Wandmalereien und Inschriften gefunden worden – wahrscheinlich auch eine christliche Kapelle. Archäologen haben eine Verordnung in Nazareth gefunden, die entweder vom Kaiser Tiberius (14-38 n. Chr.) oder Kaiser Claudius (41-54 n. Chr.) stammt, und die jedem mit der Todesstrafe droht, der Gräber unerlaubt öffnet: Das sieht aus wie eine offizielle Reaktion auf den Bericht des Pilatus über das leere Grab Jesu. Wer geschichtliche Beweise ernstnimmt, kann keinen Zweifel hegen, daß Jesus tatsächlich in Judäa lebte, und daß er während der Amtszeit des Pontius Pilatus starb, die 36 n. Chr. zu Ende ging.

AUCH JÜDISCHE GESCHICHTSSCHREIBER ZEIGEN, DASS JESUS ECHT WAR

Das Christentum wurde bald zu einer echten Bedrohung für das Judentum, und es gab Hinweise darauf, daß schon die Erwähnung des Namens Jesus in jüdischen Dokumenten verpönt war. Trotzdem finden wir in der Mischna verstreut Anspielungen wie die folgende: »Rabbi

Eliezer sagte: ›Baalam schaute heraus und sah einen Mann, von einer Frau geboren, der sich erheben und versuchen würde, sich zu einem Gott zu erklären und die ganze Welt in die Irre zu führen.‹« Wir lesen von seinen Wundern, die mit der Bemerkung abgetan werden: »In Ägypten lernte er Zauberei.« Wir lesen auch von seinem Tod: »Sie hängten Jeschua aus Nazareth am Vorabend des Passahfestes auf.« Aber den erstaunlichsten Text finden wir bei Josephus (Jüdische Altertümer 18:3). Josephus war ein einflußreicher jüdischer General, aber zugleich ein Flüchtling, der in den neunziger Jahren in Rom schrieb. Er war darauf bedacht, sich selbst in einem guten Licht zu zeigen und das Beste für seine besiegten Landsleute zu erreichen, die noch an der Zerstörung Jerusalems 70 n. Chr. litten. Es war eigentlich nicht zu erwarten, daß er viel über eine umstrittene Persönlichkeit wie Jesus schreibt. Wie sollen wir aber dann diesen Text einordnen:

> Und um diese Zeit (d. h. unter Pilatus) erhob sich Jesus, ein weiser Mann, wenn wir ihn als Mann bezeichnen können; denn er tat wunderbare Taten und lehrte alle Menschen, die die Wahrheit gern hörten. Er gewann für sich viele Juden und auch viele Griechen. Dieser Mann war der Messias. Als Pilatus ihn auf das Drängen unserer Führer zum Tod am Kreuz verurteilte, ließen die nicht nach, die ihn von Anfang an liebten. Denn am dritten Tag erschien er ihnen als Lebender, wie die heiligen Propheten vorausgesagt hatten, die auch viele andere wundersame Dinge über ihn sagen. Noch heute sind die Christen, die nach ihm genannt werden, nicht ausgestorben.

Es ist erschütternd, bei einem antichristlichen Autor so deutliche Aussagen zu finden. Kein Wunder, daß viele diesen Text angefochten haben. Diese Textstelle finden wir jedoch in allen Handschriften des

Josephus. Manches davon kann natürlich ironisch gemeint sein. Aber wir können aus dem erwähnten jüdischen Material ohne jeden Zweifel feststellen, daß Jesus eine echte historische Persönlichkeit war. Es ist bemerkenswert, daß wir auch in diesen antichristlichen Aussagen Hinweise auf sein Leben finden; auf seine ungewöhnliche Geburt (»von einer Frau geboren« hieß in der jüdischen Kultur »außerhalb der Ehe gezeugt«), auf die Zeit, in der er lebte, auf seine Jünger, auf seine Wunder (auch wenn sie dem Teufel zugeschrieben werden!), auf seine Aussagen über sich selbst (der Versuch, sich zu einem Gott zu erklären), auf seine Rolle als Messias, auf seinen Tod am Kreuz, auf die Berichte über seine Auferstehung sowie auf die Wirkung, die er durch seine Jünger noch in der Gesellschaft hatte. Das sind sehr viele Aussagen, wenn wir bedenken, das sie aus Quellen stammen, die das Christentum aus unterschiedlichen Gründen radikal ablehnten. Wohin wir in den antiken Quellen schauen, ob auf christliche, archäologische, römische oder jüdische Quellen, überall finden wir die gleiche Botschaft. Jesus war echt! Daran kann es keinen Zweifel geben. Noch mehr: Jesus ist heute noch echt, er ist noch am Werk. Gerade deshalb, weil er echt ist, weil er da ist, lohnt es sich wirklich, auf ihn zu achten. Unsere Zeitrechnung basiert schließlich nicht auf einem Mythos!

3

WEIL ER DAS IDEAL IST

Sind Sie alt genug, um den berühmten Pele beim Fußballspielen gesehen zu haben? Seinetwegen kamen Tausende ins Fußballstadion. Er war der vollendete Ballkünstler. Er war vielleicht der beste Angriffsspieler, den die Fußballwelt je gesehen hat. Er ist so etwas wie ein Ideal.

Vielleicht ist aber Fußball nicht Ihr Fall. Was interessiert Sie? Wenn es Literatur ist, was würden Sie darum geben, um einige Stunden mit Goethe zu verbringen? Wenn Sie an Politik interessiert sind, könnten Sie viel von Julius Cäsar lernen. In jedem Lebensbereich gibt es Personen, die so etwas wie ein Ideal darstellen, aber sie haben alle ihre Fehler, und mit den Jahren verblassen sie.

Gibt es jemanden, der ein echtes Ideal sein kann, nicht nur im Fußball, in der Literatur oder der Politik, sondern ein Ideal für das Leben schlechthin? Gibt es jemanden, der uns gezeigt hat, wozu die Menschheit wirklich fähig ist? Gibt es den idealen Menschen?

Vor nicht allzu langer Zeit war es in Mode zu denken, daß wir uns zu einer Rasse von Supermenschen entwickelten: Das Ideal war uns vor Augen, und es war nicht sehr weit entfernt. Angesichts der Hungersnöte, der Umweltprobleme und der anderen Krisen in der Welt sieht ein solcher Idealismus heute veraltet aus – und er wirkt fast lächerlich.

Schauen Sie sich nur die alten Filme von »Raumschiff Enterprise« an, dann wissen Sie, was ich meine! Wenn wir heute noch hoffen, dann ist das eine vage Hoffnung auf eine innere spirituelle Philosophie, auf eine Erfahrung mit dem New Age. Das Ideal haben wir immer noch vor Augen, oder vielleicht suchen wir es in uns; aber heute ist es viel weiter entfernt.

Dabei schauen wir fleißig in die falsche Richtung. Das Ideal ist nämlich schon gekommen. Das vollkommene Menschenleben wurde schon gelebt. Wir können nicht mehr sagen, wir wüßten nicht, wie man als Mensch leben kann. Im echten, historischen Jesus sehen wir, auf welch hohem Niveau ein Mensch leben kann. In ihm sehen wir Perfektion.

Schauen Sie auf das Leben Jesu, wie es in den Evangelien berichtet wird. Es ist so großartig, so unerwartet, daß keiner das hätte erfinden können – geschweige denn vier verschiedene Autoren, die unabhängig voneinander ihre Evangelien verfaßt hatten. Wir können nur zu dem Schluß kommen, daß sein Leben vollkommen war.

SEIN LEBEN WAR EINFLUSSREICH

Wenn Sie die Bereiche Kunst, Musik und Literatur betrachten, werden sie erkennen, daß viele der größten Kunstwerke sich auf Jesus von Nazareth beziehen. Denken Sie an die Medizin, an die Erziehung, an menschenfreundliche Regierungsformen. Es gibt Teile der Welt (nicht mehr sehr viele), wo diese Bereiche nach atheistischen Prinzipien gestaltet werden. Aber immer wieder waren Christen die ersten, die nicht nur an die Seelen der Menschen dachten, sondern auch an ihren Körper und an ihren Verstand. Auch in Westeuropa sind die Ideale Jesu nicht immer befolgt worden. Seine Ideale haben Europa jedoch geprägt. Das gilt auch für Australien und für Nord- und Südamerika. In Afrika ist Jesus der einflußreichste Faktor in der Kultur, und das Wachstum der Gemeinden ist schneller als das Bevölkerungswachstum des ganzen Kontinents.

SEIN LEBEN WAR ATTRAKTIV

Durch die Jahrhunderte hat sein Leben bei den verschiedensten Menschen auf der ganzen Welt Ideale hervorgerufen und Herzen berührt. Es ist genauso reizvoll für Herren wie für Sklaven, für Soldaten wie für Mönche, für Steinzeitkulturen wie für hochmoderne Professoren. Es spricht Arme und Reiche gleichermaßen an. Dabei vertuscht es keine Fehler und bietet kein billiges Lob. Das Leben Jesu war für Männer und Frauen nicht nur attraktiv, sondern gleichzeitig auch eine Herausforderung. Es ist ein recht unbequemes Ideal, aber Menschen aus allen Nationen, aus verschiedenen Gesellschaftsformen und mit den verschiedensten Charakteren haben zugegeben, daß er das Ideal ist. Nicht nur, daß es noch kein besseres Leben gegeben hat – ein besseres Leben als das des Jesus von Nazareth kann es unmöglich geben.

SEIN LEBEN WAR AUSGEWOGEN

In Jesus sehen wir eine vollkommene Ausgewogenheit von Handeln und Nachdenken, von männlichen Tugenden und den Charakterzügen, die wir sonst den Frauen zuschreiben. Er zeigt eine phänomenale Mischung aus Sanftheit und Festigkeit, aus Mitgefühl und ehrlicher Offenheit, aus Fröhlichkeit und Ernsthaftigkeit. Dieser Mann fühlte sich in einer Armenhütte und in einem Palast gleichermaßen wohl, bei einer reuigen Prostituierten, einem hitzköpfigen Fischer oder einem selbstsüchtigen Statthalter. Es ist unglaublich, wie er in jeder Situation Herr der Lage bleibt, wie er das innere Gleichgewicht behält.

SEIN LEBEN INSPIRIERT

Das Leben und das Vorbild Jesu stärkten die verfolgten Christen in den ersten dreihundert Jahren, sie gaben den Mönchen im finsteren Mittelalter Licht, zähmten die Grausamkeiten der Wikinger und besiegten die siegreichen Normannen (in Großbritannien stehen heute noch viele normannische Kirchen). Christus war die Inspiration für den Edelmut der Ritter im Zeitalter des Rittertums. Die Wiederentdeckung Jesu führte zur Reformation. Im England des achtzehnten Jahrhunderts waren Männer wie Whitefield und Wesley so von ihrem Glauben an Jesus erfüllt, daß die Gesellschaft Englands innerhalb einer einzigen Generation einen brutalen, säuferischen Atheismus ablegte. In der Zeit der industriellen Revolution wurde zu wenig auf Jesus und zu sehr auf den Gewinn geachtet; die resultierende Bitterkeit zwischen Arbeitgebern und Arbeitnehmern wirkt sich noch heute aus. Aber immerhin geht die Entstehung der Gewerkschaften weitgehend auf den Einfluß und die Ideale Jesu zurück. Die Märtyrer von Tolpuddle, die für ihr Gewerkschaftsengagement hingerichtet wurden, starben mit Jesus. Jesus inspirierte ferner die weltweite Missionsbewegung des neunzehnten Jahrhunderts, und viele Menschen reisten in ferne Länder, um den Heiden von ihrem Erlöser zu erzählen. An die eigene Sicherheit dachten sie nicht, und viele ließen dabei ihr Leben. Viele Befreiungsbewegungen des zwanzigsten Jahrhunderts finden in Jesus ihre entscheidenden Impulse; sie schauen auf den Jesus, der nicht etabliert war, der für andere da war, der sein eigenes Leben gab. Wenn Sie Gandhi, den Vater des modernen Indien, gefragt hätten, wer sein Vorbild war, hätte er zweifellos »Jesus« gesagt. Es gibt sogar Hinweise darauf, daß sowohl der Hinduismus als auch der Islam Jesus heute als den idealen Menschen sehen. Wenn wir ehrlich sind, hat er keine Konkurrenten. Jesus ist das Ideal.

Ist das nicht ein guter Grund, warum Sie Jesus wichtig nehmen sollten? Er ist nicht nur der größte Mensch aller Zeiten, sondern er ist das Ideal, dem alle nacheifern sollten. Eigentlich wäre es dann zu erwarten, daß alle sich um ihn scharen und sich bemühen, ihm nachzufolgen – wie bei berühmten Vorbildern der Gegenwart. Aber das ist leider nicht der Fall. Als er auf Erden lebte, war es auch nicht anders. Ist das nicht eigenartig? Bedeutet es vielleicht, daß wir vor diesem Ideal Angst haben? Vielleicht befürchten wir, daß er Bereiche in unserem Leben verändern möchte, die gar nicht so ideal sind, die wir aber nicht preisgeben wollen.

4

WEIL SEIN CHARAKTER EINMALIG IST

Coca Cola behauptet, das Getränk Nummer eins auf der ganzen Welt zu sein. Paul McCartney ist wahrscheinlich der erfolgreichste Liederkomponist aller Zeiten. Muhammed Ali gab sich immer als der »Größte« unter den Boxkämpfern aus. Es ist schwer genug, sich in der Wirtschaft, in der Musik und im Sport nach »ganz oben« emporzuarbeiten; im Bereich des Charakters ist es noch viel schwerer. Schon im letzten Kapitel stellten wir fest, daß Jesus genau das erreicht hat. Er hat ohne jeden Zweifel den größten, edelsten, schönsten Charakter, den es je gegeben hat.

GEBET – OHNE ÜBERTRIEBEN FROMM ZU SEIN

Die Evangelien sind voll von Berichten über seinen engen, natürlichen Umgang mit seinem Vater im Gebet, aber genauso voll von seiner freundlichen Beziehung mit denen, die nie eine Synagoge von innen sahen. Wenn in seinem Charakter eine übertriebene, überhebliche Frömmigkeit gewesen wäre, hätten ihn die normalen Menschen strikt gemieden.

LEBENDIGKEIT – OHNE DRAUFGÄNGERISCH ZU SEIN

In den Berichten des Evangeliums ist eine starke Spannung und Lebendigkeit, die von Jesus selbst stammt. Seine offene, starke Sprache, seine gewaltige Energie, seine Hingabe an Menschen in Not – an ihm war nichts Halbherziges. Aber er war kein Draufgänger.

FRIEDEN – OHNE TRÄGE ZU SEIN

Nicht viele energische Menschen sind auch friedlich. Diese zwei Eigenschaften sind Gegensätze, aber in Jesus waren sie vereint. Er lebte immer mit innerem Frieden – dies nannte er den »Frieden Gottes«. Keine Katastrophen oder Unterbrechungen konnten ihm diesen inneren Frieden nehmen. Wenn er unter starkem Druck war, zog er sich zwar für eine kurze Erholungszeit zurück, aber bald war er wieder mit seiner friedlichen Ausstrahlung mitten im Gewühl.

LIEBE – OHNE SENTIMENTAL ZU SEIN

Seine Liebe konnte eine Prostituierte zu Tränen rühren, kleine Kinder auf dem Schoß sitzen lassen, Ausgestoßene anfassen. Er sagte selbst: »Niemand hat größere Liebe als die, daß er sein Leben läßt für seine Freunde« (Johannes 15,13). Auch dieses hohe Ideal konnte er selbst noch übertreffen; er gab sein Leben für seine Feinde.

BESCHEIDEN – UND TROTZDEM EINE AUTORITÄT

Einerseits besaß er kein Geld, suchte kein Lob, gab sich nicht vornehm und handelte aus einer ständigen, tiefen Abhängigkeit von Gott. Andererseits sprach er von geistlichen Themen als einer, der wirklich Bescheid wußte. »Wahrlich, wahrlich, ich sage euch« war für ihn eine normale Einleitung, und die Menschen erkannten, mit welch erstaunlicher Autorität er lehrte – obwohl er kein Studium absolviert hatte.

EIN NATURTALENT FÜR FREUNDSCHAFT

Dabei ließ er sich nie verleiten, bestimmte Menschen zu begünstigen. Immer wieder lesen wir in den Evangelien, daß Jesus sich Zeit für einen Einzelnen nahm – für einen Pharisäer, einen Bettler, einen Gelähmten, eine trauernde Witwe, einen römischen Soldaten. Alle hatten verschiedene Nöte, aber er sorgte so sehr für sie, daß alle vermutlich das Gefühl hatten, im Augenblick die einzig wichtige Person für Jesus zu sein. Dieses Gefühl war auch zutreffend. In Jesu Freundschaft mit den Frauen, die ihm nachfolgten, mit den zwölf Jüngern, die ihr Zuhause zurückgelassen hatten und mit ihm gingen – liegt einer der attraktivsten Charakterzüge, die wir bei ihm sehen.

EIN PERFEKTER CHARAKTER

Eigentlich wäre es nicht schwierig, ein ganzes Buch über den Charakter Jesu zu schreiben. Es wäre ein dickes Buch, denn alle Tugenden, die wir uns vorstellen können, sind in ihm. Ich habe nur einige Beispiele genannt.

Aber nun möchte ich auch die andere Seite der Medaille betrachten. Er hatte nämlich nicht nur alle Tugenden – er hatte gar keine Laster. Zumindest kenne ich keine. Mir sind nur drei mögliche Laster bekannt, die Menschen ihm nachgesagt haben, und keines davon ist stichhaltig.

Manche wenden zum Beispiel ein, daß er gewalttätig wurde, als er die unehrlichen Händler und Betrüger aus dem Tempel hinauswarf, weil sie aus dem Haus seines Vaters »eine Räuberhöhle« gemacht hatten (Matthäus 21,13). Vielleicht hätte ich es sogar noch verstanden, wenn er mit der Peitsche aus Stricken zugeschlagen hätte. Aber das steht gar nicht im Evangelium; wir erfahren nur, daß er sie hinauswarf.

Der zweite Vorwurf gegen Jesus besagt, daß er den Feigenbaum im Zorn und ohne Grund verfluchte. Keineswegs. Der Fluch des Feigenbaums war ein lebendiges Gleichnis. Schon seit Jahrhunderten war der Feigenbaum ein Symbol für das jüdische Volk. Jesus war nach Jerusalem gekommen, und man hatte ihn abgelehnt. Am Feigenbaum Israel hatte er keine Frucht gefunden. Dann sprach er das Gericht Gottes über diesen Feigenbaum aus (ein Gericht, das uns alle erwartet, so daß wir uns nicht über Israel erheben sollten). Historisch gesprochen fand dieses Gericht vierzig Jahre später statt, als römische Legionen die heilige Stadt (die schon oft Propheten getötet hatte) in Trümmer legten.

Die dritte Klage über den Charakter Jesu, die ich gehört habe, sagt aus, er hätte keinen Humor gehabt. Dieser Gedanke entbehrt nicht einer gewissen Komik. Wie kann jemand mit ernster Miene einem frommen, selbstgefälligen Publikum sagen, man müsse einen dicken Balken aus dem eigenen Auge entfernen, bevor man einen winzigen Splitter aus dem Auge eines anderen entfernen könne? Können Sie sich vorstellen, daß er ernst und ehrwürdig schaute, als er den Pharisäern vorhielt, wie sorgfältig sie unreine Tiere, z. B. Mücken, aus ihrem Wein entfernten, daß sie aber nicht merkten, wie sie das größte aller unreinen Tiere verschluckten, das Kamel? Erzählen Sie mir bitte nicht, Jesus hätte keinen Humor gehabt. Lesen Sie lieber selbst in den Evangelien und bilden Sie sich ein eigenes Urteil.

JESUS WAR FEHLERLOS

Nachdem ich diese Einwände behandelt habe, möchte ich zu meiner Aussage zurückkehren – einer Aussage, die in sich schon gewaltig ist. *Jesus war fehlerlos.* Er tat nie etwas, was falsch gewesen wäre. Die Evangelien loben ihn nicht, aber sie berichten keinen einzigen Fall, in dem Jesus sagen mußte: »Ich habe einen Fehler gemacht«, oder: »Es tut mir leid.« So etwas kam einfach nicht vor. Seinen Jüngern lehrte er zu sagen: »Vergib uns unsere Schuld«, wenn sie das Vaterunser beteten. Aber das war ein Gebet, das Jesus anderen lehrte, kein Gebet, das er selbst beten mußte. Von sich sagte er: »Ich tue allezeit, was ihm gefällt« (Johannes 8,29). Ihm war anscheinend keine Störung in seinem Verhältnis zu seinem Vater bekannt. Das ist bemerkenswert, besonders wenn wir bedenken, wie schnell er es erkannte, wenn Heuchelei in den Gebeten der Frommen, Angeberei bei den Spenden der Reichen und begierige, mörderische Gedanken im Herzen der Anständigen waren, die immer bereit waren, Ehebruch und Mord bei anderen zu verurteilen. Wie konnte es vorkommen, daß ein Mensch mit solchem Durchblick sich nie im Gebet bei Gott entschuldigte? Dafür sehe ich nur eine Antwort. Er entschuldigte sich nicht für seine Missetaten, *weil es keine gab, für die er sich hätte entschuldigen können.* Wenn Sie meinen, daß das kaum zu glauben ist, dann möchte ich Ihnen zum Teil recht geben. Wir reden hier von dem, der »der Größte« ist. Sein Leben war nicht nur großartig – es war ein ethisches Wunder.

Es ist interessant, daß sowohl seine Freunde als auch seine Feinde seinen vollkommenen Charakter bestätigen. Es gibt eine wunderbare Textstelle in Johannes 8, ab Vers 39, in der Jesus indirekt behauptet, älter als Abraham zu sein (Abraham starb 2000 Jahre vorher), und am Wesen und an der Herrlichkeit Gottes Anteil zu haben. Als strikte Monotheisten wurden die Führer der Juden wütend und wollten so mit ihm verfahren, wie es bei Gotteslästerern üblich war – indem sie ihn steinigten. Mit einer einzigen Frage zwingt Jesus sie anzuhalten: »Wer von euch kann mich einer Sünde zeihen?« (Vers 46). Das ist doch eine gefährliche Frage. Könnten Sie sich so etwas erlauben? Natürlich nicht! Schon Ihre Freunde würden schnell auf tausendundeine Verfehlung hinweisen, wieviel mehr Ihre Feinde. Aber diese Menschen waren sprachlos. Sie hatten nichts zu sagen.

JESUS WAR SCHULDLOS

Das gleiche gilt für den Prozeß gegen Jesus. Stundenlang versuchten sie, eine Anklage zu finden, die stichhaltig gewesen wäre. Der Versuch scheiterte kläglich. Sie wußten genau, daß ihre falschen Anschuldigungen keiner Prüfung standhalten würden, und schließlich gaben sie es auf. Sie fragten ihn nur, ob er der lang erwartete Messias wäre, und er antwortete: »Ihr sagt es.« Darauf sprangen sie vor Freude auf und verurteilten ihn wegen Gotteslästerung. Daran sehen wir, wie schwer sie es fanden, Jesus etwas Verwerfliches nachzuweisen. Gleiches passierte bei Pontius Pilatus bei einem Verhör, das wohl einzigartig in der Geschichte war. Dreimal sagte Pilatus, der Angeklagte sei unschuldig – und dann übergab er ihn dem Hinrichtungskommando! Sogar seine Frau konnte in der Nacht vorher nicht schlafen und ließ ihm noch während des Prozesses ausrichten: »Habe nichts zu tun mit dem Blut dieses unschuldigen Menschen.« Er achtete aber nicht darauf, aus Angst, zuviel Nachsicht könnte ihn seine Stelle kosten. Nur innerlich stimmte er der Einschätzung seiner Frau zu. Auch der Zenturio, der für die Hinrichtung zuständig war, teilte diese Ansicht, sowie einer der Männer, die mit Jesus hingerichtet wurden. Diese Zeugen sprachen wie mit einer Stimme: »Dieser Mann ist vollkommen unschuldig.«

Sie könnten einwenden: »Diese Menschen kannten Jesus nicht gut genug, um seine Fehler zu erkennen.« Dann sollten Sie auf die Zeugen hören, die ihn besser kannten. Petrus kannte ihn so gut wie kaum jemand, und er sprach von seinem Herrn, »der keine Sünde getan hat und in dessen Mund sich kein Betrug fand; der nicht widerschmähte, als er geschmäht wurde, nicht drohte, als er litt, er stellte es aber dem anheim, der gerecht richtet« (1. Petrus 2,22-23). So urteilte er über Jesus. Der Verfasser des Hebräerbriefes drückte es genauso klar aus: »Einen solchen Hohenpriester mußten wir auch haben, der heilig, unschuldig, unbefleckt, von den Sünden geschieden und höher ist als der Himmel« (Hebräer 7,26). So ist der Hohepriester, den Gott uns gibt. Er ist jemand, »der versucht worden ist in allem wie wir, doch ohne Sünde« (Hebräer 4,15). Die engste Beziehung zu Jesus hatte wohl Johannes, und er kommt zum gleichen Ergebnis. »Wenn wir sagen, wir haben keine Sünde, so betrügen wir uns selbst, und die Wahrheit ist nicht in uns … in ihm ist keine Sünde« (1. Johannes 1,8;3,5). Wohin wir auch schauen, die Aussagen zeigen alle nur in eine Richtung. Dieser Beweis ist eindeutig.

In Jesus von Nazareth finden wir einen vollkommenen Charakter, den einzigen Menschen der Weltgeschichte, der nie etwas Falsches tat.

Vielleicht verstehen wir dadurch das Problem etwas besser, das ich am Ende des letzten Kapitels kurz anschnitt; daß wir Jesus ausweichen, obwohl wir uns um jeden anderen großen Menschen scharen würden. Tatsache ist, daß sein Leben uns so sehr beschämt, daß es uns peinlich ist, vor ihn zu treten. Johannes drückt es so aus, »daß das Licht in die Welt gekommen ist, und die Menschen liebten die Finsternis mehr als das Licht, denn ihre Werke waren böse« (Johannes 3,19). Auf diesem Hintergrund sieht unsere Ausgangsfrage, ob Jesus denn wichtig sei, etwas anders aus. Diese Frage beruht nicht nur auf Unkenntnis, sondern auf Schuld. Wenn uns das Licht seines vollkommenen Lebens abschreckt, dann sagt das eigentlich etwas über unser sündiges Leben aus. Das heißt, daß bei uns eine Veränderung nötig ist. Davon sprach auch Jesus. Lesen Sie bitte weiter, denn wir werden noch darauf zurückkommen.

5

WEIL SEIN ANGEBOT UMWERFEND IST

Ein markanter Unterschied zwischem dem Christentum und den anderen Religionen liegt darin, daß die anderen Religionen davon ausgehen, daß Gott bekannt ist. Beim Christentum ist das anderes. Jesus sagte, daß niemand Gott in persönlicher Weise als Vater kennt, außer er selbst, und daß nur er uns diese Beziehung zu Gott ermöglichen kann (Matthäus 11, ab Vers 27). Anschließend machte er das großartigste Angebot, das ein Mensch je ausgesprochen hat: »Kommt her zu mir, alle, die ihr mühselig und beladen seid; ich will euch erquicken« (Vers 28).

Was für ein unglaubliches Angebot! Wenn ich mit drei oder vier »beladenen« Menschen zu tun habe, muß ich alle Kraftreserven aufbieten, um einigermaßen damit zurechtzukommen. Aber Jesus lädt alle ein! In vielerlei Hinsicht ist das der Kern seiner Botschaft. Er will nicht in erster Linie fordern, auch wenn er manches von uns fordert. Vor allem ist seine Botschaft jedoch ein Angebot – und ist kostenlos. Wir sind bei Gratisangeboten mißtrauisch geworden, denn meist hat die Sache einen Haken und das Angebot kostet doch etwas. Aber an den vielen Gratisangeboten im Supermarkt können wir erkennen, daß ein echtes Geschenk zu den schönsten Dingen auf dieser Welt gehört. Darum geht es in der Religion, die Jesus lehrte.

Er sagt: »Ihr kennt Gott nicht, obwohl manche von euch sehr religiös sind. Ihr seid ihm wie Fremde – ihr seid Verlorene. Nun hört mir zu, Gott achtet auf euch. Ich weiß das, weil ich ihn anders kenne als ihr. Er ist mein himmlischer Vater. Ich rede mit ihm wie in einer Familie, wie ihr mit euren Vätern redet.« Das besondere Wort, das er zu seinem Vater sagte, war »Abba«, »mein lieber Papa«. Es wurde nie im Gespräch zwischen Gott und den Menschen gebraucht, bevor Jesus das Wort in den Mund nahm. Möchten Sie nicht zu dieser Familie gehören und auch Ihr Leben in dieser Weise mit dem Vater teilen?

Jesus fährt fort: »Dazu kommt, daß Gott der König ist. Er ist König der ganzen Erde, aber viele in seinem Reich leben in Aufsässigkeit und Rebellion. Nun mal ehrlich: Seid ihr nicht auch so? Euer Herz rebelliert gegen ihn. Ihr seid zu sehr mit euren eigenen Angelegenheiten beschäftigt, um darauf zu achten, was er möchte. Bei mir ist es aber anders. Ich bin nicht nur der vollkommene Diener des Königs; ich tue immer, was ihm gefällt. In mir ist sein Reich leibhaftig auf der Welt. Ich komme mit seiner Autorität, um ihn zu vertreten und in meinem Leben und meiner Lehre zu zeigen, wie Gottes Herrschaft aussieht. In seinem Reich steht die Liebe über allem; Vertrauen tritt an die Stelle von Verdächtigungen, Freizügigkeit ersetzt den Haß, die Haltung des Dienens verdrängt herrisches Verhalten. Ich möchte euch zeigen, wie attraktiv das Leben in seinem Reich ist. Ich möchte euch das Gesetz des Reiches lehren – nehmt euch jetzt etwas Zeit, um die Bergpredigt zu lesen. Sie steht in den Kapiteln 5 bis 7 des Matthäusevangeliums. Dadurch gewinnt ihr einen Überblick, wie das Leben im Reich Gottes sein könnte. Achtet dabei auf den Schluß. Nur wenn ihr durch mich hineingeht, mich kennt, euer Leben auf mich baut, nur dann könnt ihr entdecken, was sein Reich für euch persönlich bedeuten kann. Ich erzähle euch vom Reich Gottes. Ich vertrete dieses Reich mit meinem eigenen Leben. Ich bin der Weg, um in dieses Reich hineinzukommen. Kommt her zu mir, alle, die ihr mühselig und beladen seid; ich will euch erquicken.«

Jesus dachte in Bildern. Das gilt auch für die meisten von uns, deshalb haben wir so große Schwierigkeiten mit behördlichen Formularen. Vielleicht helfen Ihnen einige seiner Bilder, sein Angebot zu verstehen.

SEIN REICH VERSTEHEN

»Möchtest du wissen, wie Gottes Reich ist?« fragt Jesus. »Dann sage ich es dir. Für manchen ist es wie bei einem Hilfsarbeiter in der Landwirtschaft, der tagein, tagaus mit Ochsen und Pflug im Acker schuftet und sich bemüht, die Furche gerade zu halten – eine total langweilige Sache. Auf einmal stößt er eines Tages mit seinem Pflug auf eine Kiste, die im Boden vergraben ist. Er beugt sich und reißt den Deckel hoch, und siehe da, die Kiste fließt über von schimmernden Juwelen. Stelle dir vor, wie der Hilfsarbeiter seine ganze Habe verkauft, um genug Geld für den Erwerb des Ackers zu bekommen.

Für andere ist das Reich wie bei einem Perlensammler; stelle dir einen sehr erfahrenen Händler vor, der sein ganzes Leben schon im Geschäft ist und sich gut auskennt. Eines Tages findet er eine Perle, die ihm den Atem verschlägt. Eine so große, schimmernde, vollendete Perle hat er noch nie zu Gesicht bekommen, keine andere Perle wäre mit ihr zu vergleichen. Er unterdrückt seine Aufregung und handelt einen Kaufpreis aus, dann geht er und verkauft seine ganze Perlensammlung, um diesen Betrag aufzubringen – denn ohne diese teuerste aller Perlen wäre sein Leben nicht mehr lebenswert.«

Da haben wir es. Der Eintritt in Gottes Reich ist so, als ob wir einen Schatz finden, als ob wir eine Perle entdecken, die alle anderen Perlen in den Schatten stellt. Wußten Sie das? Wahrscheinlich nicht. Vielleicht ging es Ihnen so wie mir, und Sie dachten, das Wichtigste wäre, sich anzustrengen, gute Taten zu tun, in die Kirche zu gehen und allerlei langweilige Dinge zu absolvieren. Das zeigt, wie effektiv die Propaganda seiner satanischen Hoheit ist! Ein Leben in Gemeinschaft mit Jesus Christus ist nämlich das freudigste und erfüllteste Leben, das wir erfahren können. Hat er nicht gesagt: »Ich bin gekommen, damit sie das Leben und volle Genüge haben sollen« (Johannes 10,10)? Wenn wir in das Reich eintreten, erleben wir eine unendliche Befriedigung. Vielleicht entdekken Sie dieses Reich, während Sie die harte Routinearbeit des Lebens tun und das Gefühl haben, daß alles abgestumpft, öde und langweilig ist. Vielleicht suchen Sie es schon jahrelang und haben eine Vielzahl von Philosophien, Religionen oder Drogenerfahrungen probiert. Aus solchen Hintergründen haben schon viele das Reich Gottes entdeckt. Wenn sie dann sehen, was das Reich anbietet, erkennen die Schlauen, daß es die wichtigste Sache der Welt ist. Sie nehmen jedes Opfer auf sich, um dieses Reich zu erlangen.

Ein anderes Bild, das Jesus erzählte, zeigt das sehr deutlich. Stellen Sie sich Gott als reichen König vor, der beschlossen hat, einen sehr prunkvollen Empfang zur Hochzeit seines Sohnes zu veranstalten. Er tut zwei bemerkenswerte Dinge. Zunächst schickt er Einladungen. Viele sagen ab, deshalb lädt er alle Menschen ein, zu dieser Feier zu kommen – Menschen von der Straße, aus den Bordellen, aus den Häusern des Mittelstandes, aus den Ghettos. So ist Gott. Er ist bereit, jeden bei seinem großen Fest des christlichen Lebens zu empfangen. Er macht das Angebot. Er liefert das wunderbare Festessen. Er verschickt die Einladungen. Gott ist kein kaltherziger Richter, der uns befiehlt, von ihm zu gehen. Er ist eher wie ein Mann, der eine Feier gibt und zu uns sagt: »Kommt!«

GÄSTE DES KÖNIGS

Die zweite bemerkenswerte Begebenheit in der Geschichte ist wie folgt. Der König gibt jedem seiner Gäste ein herrliches Festgewand. Jeder Gast zieht dieses Gewand vor der Tür anstelle der eigenen Alltagskleidung an. Es wäre furchtbar, wenn das Festessen dadurch getrübt würde, daß manche Gäste mit ihrer feinen Kleidung angeben, während andere dreckig und zerlumpt von der Straße kommen. Gott schafft eine Möglichkeit, daß wir alle sein Fest genießen können, ohne uns über das Durcheinander in unserem Leben zu schämen, und ohne auf unsere Leistungen stolz zu sein. Bei diesem Fest sind wir alle gleich. Wir tragen alle das vollkommene Gewand seiner Vergebung als Zeichen, daß wir von ihm angenommen sind. Ohne dieses Gewand kommen wir gar nicht hinein. Das erwähnte Jesus auch in dieser Geschichte. Ein Mann kam zu dem Fest und behielt die eigenen Kleider an. Er weigerte sich, das Festgewand anzuziehen und sagte vermutlich, sein eigener Frack wäre doch genauso gut. Als der König dann kam und die Gäste sah, fiel dieser Mann sofort auf. Der König fragte ihn, warum er das Festgewand abgewiesen hatte, und er konnte keine Antwort geben. Was denken Sie, was mit ihm geschah? Er wurde recht unsanft vor die Tür gesetzt. Gott läßt nicht zu, daß stolze Menschen sein Reich verderben. Wir treten als Menschen ein, die Vergebung erhalten haben – Vergebung auf seine Kosten, unabhängig davon, was wir geleistet haben. Sonst kommen wir nicht hinein.

Das ist die erstaunliche Botschaft Jesu. Kostenlose Vergebung, kostenloser Eintritt in Gottes Familie – gespendet von dem Gott, den ich vernachlässigt und brüskiert habe, dessen Existenz ich sogar anzweifelte. Dieses Leben voller Liebe, Frieden, Freude und freundlichen Beziehungen ist ein Fest, eine echte Feier. Die Vorbereitung hat ihn alles gekostet. Die Annahme kostet mich gar nichts – nur meinen Stolz. Ich muß diese Einladung nämlich als Geschenk annehmen. Ich kann sie nicht dadurch erwerben, daß ich mich mehr anstrenge, öfter in die Kirche gehe oder eine Spende an den Tierschutzverband gebe.

Haben Sie die Botschaft verstanden? Oder ist sie immer noch zu unglaublich? Dann bedenken Sie folgendes. Können Sie sich an den Tag erinnern, als Ihre Mutter ihren Diamantring verlor? Jede Schublade wurde ausgeleert, jeder Raum durchgefegt, jede Ecke gründlich durchsucht. Dann fand sich der Ring auch wieder ein. Tränen kamen der Mutter ins Gesicht. Sie umarmte Sie. Sie lief zu den Nachbarn und erzählte ihnen alles. Sie hüpfte förmlich vor Freude. So unglaublich es klingen mag, Gott denkt genauso über uns. Wenn wir vor ihm »verloren« sind, ist er nicht zornig über uns. Er sagt nicht: »Warte nur, bis ich dich kriege!« Er liebt uns so sehr, daß er alles tut, was möglich ist, um uns zu finden und für das Leben der Liebe wiederzugewinnen, das wir achtlos beiseitegeworfen haben. Wenn wir dann zurückkommen, da ist was los! »So, sage ich euch, wird Freude sein vor den Engeln Gottes über einen Sünder, der Buße tut« (Lukas 15,10).

In einer ähnlichen Geschichte erzählte Jesus von einem Jungen, der von zu Hause weglief, seine Erbschaft verschwendete und dann in Armut fiel. Auch diese Geschichte geht gut aus. Der Junge kommt nach Hause und ist voller Angst darüber, welcher Empfang auf ihn wartet. Dann merkt er, daß sein Vater schon unterwegs ist und ihn sucht, daß er Tag für Tag den Horizont absucht und sehnsüchtig darauf wartet, wann der Sohn zurückkommt. Nun läuft ihm der Vater entgegen, kleidet ihn neu ein und befiehlt, daß ein Festessen und ein Freudenfest mit Tanz gehalten wird, »denn dieser mein Sohn war tot und ist wieder lebendig geworden; er war verloren und ist gefunden worden« (Lukas 15,24).

Jesus sagt uns, daß Gott auch so ist. Sehen Sie jetzt, warum das Christentum nicht wie andere Religionen voraussetzen kann, wir wüßten bereits, wie Gott ist? Wer hätte vermutet, daß Gott so liebevoll und großzügig sein könnte? Wer hätte sich träumen lassen, daß er Rebellen kostenlos wieder in sein Reich aufnimmt, daß er fehlerhafte Menschen wie Sie und mich einfach in seine Familie adoptiert? Aber Gott ist so – und das ist die Botschaft, die Jesus uns klarmachen will. »Kein Mensch hat Gott jemals gesehen. Nur der einzige Sohn, der ganz eng mit dem Vater verbunden ist, hat uns gezeigt, wer Gott ist« (Johannes 1,18, Gute Nachricht). Wenn ein kostenloses Sonderangebot dieser Qualität geboten wird, gibt es doch gute Gründe, Jesus ernstzunehmen. Suchen Sie in allen anderen Religionen dieser Welt. Nirgends werden Sie ein vergleichbares Angebot finden.

6

WEIL ER ERSTAUNLICHES ÜBER SICH SELBST SAGTE

Wer ist denn dieser Jesus, der zu uns sagt: »Komm zu mir, und ich gebe dir Ruhe«? Für wen hält er sich eigentlich?

Das ist eine gute Frage. Wir wollen sehen, was er von sich hält. Wenn Sie irgend jemanden auf der Straße fragen, wer Jesus war, wird die Antwort wahrscheinlich etwa so sein: »Jesus Christus? Ein großartiger Mann, ein guter Lehrer, ein vorbildlicher Mensch.« Aber wenn wir untersuchen, was dieser wunderbare Lehrer tatsächlich lehrte, finden wir ein ganz anderes Bild.

Er legte nicht allzuviel Wert auf seine Lehre. Das taten andere, die über die Originalität und die Kraft seiner Worte staunten. Er selbst stellte ziemlich nüchtern fest, daß er seine Lehre nicht erfunden hatte: »Ich tue nichts von mir selber, sondern, wie mich der Vater gelehrt hat, so rede ich« (Johannes 8,28).

Er betonte auch seinen guten Charakter nicht. Als ein Mann ihn einmal mit den Worten »Guter Meister« ansprach, sagte er: »Was nennst du mich gut? Niemand ist gut als Gott allein« (Markus 10,18). Das Gute in seiner Vollendung gehört nicht den Menschen, sondern Gott. Vielleicht wollte Jesus den Mann dazu bringen, noch mehr zu erfassen und die Wahrheit zu erkennen.

Denn die Wahrheit, wie Jesus sie lehrte, ist, daß er nicht nur ein Mensch war. Er war zwar Mensch, geboren wie wir, er spürte Hunger, Durst und Müdigkeit wie wir, er konnte trauern, bluten, sterben. Er war durch und durch Mensch. Und doch war er mehr. Nicht einmal ein großer Prophet, ein wunderbarer Lehrer oder ein tadelloser Charakter. Er war mehr. Was sagte er von sich?

DASS ER OHNE SÜNDE LEBTE

Wir haben schon gesehen, daß er auf eine feindliche Menge schauen konnte, die sich darüber ärgerte, daß er meinte, Anteil am Wesen Gottes zu haben, und er konnte sie fragen: »Wer von euch kann mich einer Sünde zeihen?« (Johannes 8,46). Ich weiß nicht, was erstaunlicher war: daß er die Frage stellte, oder daß keiner eine Antwort geben konnte! Wenn er nur ein Mensch gewesen wäre, hätte er nicht fehlerlos leben können. Aber er war ohne Fehler.

DASS ER DER WEG ZU GOTT IST

Wohlgemerkt, nicht *ein* Weg, sondern *der* Weg. Er sagte nicht, daß er den Weg lehrt, sondern daß er der Weg ist. »Ich bin der Weg, die Wahrheit und das Leben; niemand kommt zum Vater denn durch mich« (Johannes 14,6). Oder bedenken wir die Worte Jesu, die schon im letzten Kapitel erwähnt wurden: »Niemand kennt den Vater als nur der Sohn und wem es der Sohn offenbaren will« (Matthäus 11,27). Niemand sonst hat jemals so etwas von sich behauptet und seine Worte mit einer solchen Lebensqualität wie Jesus untermauert, mit seiner Liebe, seiner Ausgewogenheit, seinem Einfluß. Wer nur menschlich ist, kann so etwas nicht. Aber Jesus konnte es.

DASS ER DEN MENSCHEN DAS LEBEN GIBT

Er sagte den Menschen nicht nur, wie sie Leben erhalten, vertiefen oder verbessern konnten – er sagte, daß er das Leben gibt. »Ich gebe ihnen das ewige Leben, und sie werden nimmermehr umkommen, und niemand wird sie aus meiner Hand reißen. Mein Vater, der sie mir gegeben hat, ist größer als alles, und niemand kann sie aus des Vaters Hand reißen. Ich und der Vater sind eins« (Johannes 10,28-30). Können Sie sich vorstellen, daß jemand so etwas von sich sagt, der nur menschlich ist? Aber Jesus sagte es.

DASS ER SÜNDEN VERGEBEN KANN

Einmal lehrte Jesus in einem Haus und die Menschen drängten sich um ihn. Dann kamen einige auf die glorreiche Idee, einen Teil vom Dach abzumontieren und einen gelähmten Freund herabzulassen, in der Hoffnung, Jesus würde ihn heilen. Jesus schaute den Mann an, der auf seinem Bett baumelte, das an den vier Ecken mit Seilen festgebunden war. Es war offensichtlich, was die Not dieses Mannes war. Er war gelähmt. Aber Jesus tat selten, was offensichtlich war. Diesem Mann sagte er: »Deine Sünden sind dir vergeben.« Der Raum war voll von Theologen, und sie waren nun wütend. »Wer kann Sünden vergeben, außer Gott allein?« fragten sie im Flüsterton. Aber das war genau der Punkt, auf den Jesus sie hinweisen wollte. Deshalb sagte er ihnen: »Damit ihr wißt, daß der Menschensohn [so nannte Jesus sich selber] Vollmacht hat, Sünden zu vergeben auf Erden – sprach er zu dem Gelähmten: Ich sage dir, steh auf, nimm dein Bett und geh heim« (Markus 2,10-11). Der Mann tat es – zum Erstaunen der Menge und zur Verlegenheit der Theologen. Jesus behauptete, die Vollmacht zur Sündenvergebung zu haben, eine Vollmacht, die allein Gott zusteht. Diese Behauptung stützte er mit wunderbaren Heilungen. Und das war kein Einzelfall. Er erzählte zum Beispiel einer Prostituierten, daß ihre vielen Sünden vergeben waren; einem Zöllner sagte er, er könne ohne Schuld nach Hause gehen; einem sterbenden Mörder versprach er die Aufnahme ins Paradies. Wir könnten die gleiche Frage stellen wie damals die jüdischen Theologen: »Wer kann Sünde vergeben als Gott allein?« (Markus 2,7). Jesus konnte es.

DASS ER EIN RECHT HATTE, VEREHRT ZU WERDEN

Wenn wir seine Demut und seine Abhängigkeit von seinem himmlischen Vater bedenken, ist das etwas Erstaunliches. So etwas würde niemand für sich beanspruchen, der nur menschlich wäre. In der Apostelgeschichte lesen wir, daß heidnische Menschen sowohl Petrus als auch Paulus verehren und anbeten wollten. Beide lehnten das Angebot entsetzt ab. Aber Jesus nahm diese Ehre als sein Recht an. Als Petrus nach einem außerordentlichen Fischfang ihm zu Füßen fiel und ihm sagte: »Herr, geh weg von mir! Ich bin ein sündiger Mensch« (Lukas 5,8), unternahm Jesus nichts dagegen. Nach der Auferstehung warf sich Thomas, der Zweifler, vor Jesus auf den Boden und verehrte ihn mit klaren Worten: »Mein Herr und mein Gott!« (Johannes 20,28). Jesus nahm die Verehrung wie selbstverständlich an und ermutigte Thomas nur, in Zukunft auch dann zu vertrauen, wenn er nichts sah. Welcher religiöse Führer hätte so etwas dulden können? Aber Jesus tat es.

DASS ER DER RICHTER ÜBER ALLE MENSCHEN IST

Kennen Sie noch die bekannte Geschichte von den Böcken und Schafen? (Matthäus 25,31-46). Jesus sagte, daß er am Ende der Zeiten die Menschen in zwei Gruppen teilen würde, wie ein Hirte die Schafe in seiner Herde von den Böcken trennt. Jesus würde dies selbst tun! Er hatte schon an anderer Stelle behauptet, daß der Vater ihm das Gericht übertragen hatte. Am Ende der Bergpredigt stellte er klar, daß Menschen nur durch ihn Zugang zum Reich Gottes erhalten würden; nur wenn sie ihn kannten, würden sie aufgenommen werden; nur wenn er ihr Fundament wäre, würde das Gebäude Bestand haben. Provozierender und radikaler hätte er kaum sein können. Unser Schicksal hängt davon ab, wie wir zu Jesus stehen. Welcher Mensch könnte so etwas von sich behaupten? Jesus behauptete es.

DASS ER MENSCHEN VOM TOD AUFERWECKEN WÜRDE

Auch andere Aussagen von Jesus zeigen mir, daß ich es bei ihm nicht nur mit einem Menschen zu tun habe, sondern daß Gott mich persönlich anspricht. Zum Beispiel sagte er, *daß er sein Leben für die verlorenen Schafe der Welt hingeben würde* (Johannes 10,15). Mit einem anderen Bild gesprochen, er gibt sein Leben »als Lösegeld für viele« (Markus 10,45). Wer könnte das tun außer Gott selbst? Sein Leben zu geben, um aus unserem verdorbenen Leben alles wegzunehmen, was geistlich tot ist. Diese Aufgabe wäre für jeden Menschen zu groß. Wenn Jesus so etwas für die ganze Welt tat, dann mußte er wirklich als unser »Gott und Heiland« am Werk sein, wie sein Name zum Ausdruck bringt. Eine weitere Aussage, die mir den Atem verschlägt, war, *daß seine Worte nie vergehen würden.* »Himmel und Erde werden vergehen«, sagte er, »meine Worte aber werden nicht vergehen« (Markus 13,31). Diese Voraussage hat sich erfüllt. Die Bibel, die seine Worte enthält, ist zum größten Bestseller der Welt geworden und ist in viel mehr Sprachen übersetzt worden, als jedes andere Buch. Diese Tatsache ist ein weiterer Hinweis darauf, daß wir es hier nicht mit einem bloßen Menschen zu tun haben.

Die verblüffendste Aussage Jesu war jedoch, daß er *Menschen am Jüngsten Tag zum Leben erwecken würde,* und daß der Schlüssel zum ewigen Leben darin liegt, ob wir eine Beziehung zu dem haben, der kurz danach sterben und auferstehen würde. Kurz vor seinem Tod zeigte er sich als Herr über den Tod, indem er Lazarus aus dem Grab auferweckte. Das war ein Bild für das, was bei seinem Tod geschehen würde. In der Nacht vor seinem Tod machte er seinen Jüngern Mut (und über seine Zuversicht wäre Sokrates vor Neid erblaßt): »Euer Herz erschrecke nicht! Glaubt an Gott und glaubt an mich! In meines Vaters Haus sind viele Wohnungen. Wenn's nicht so wäre, hätte ich dann zu euch gesagt: Ich gehe hin, euch die Stätte zu bereiten?« (Johannes 14,1-2). Nicht einmal der Tod konnte ihn in Schach halten.

Wer ist der Mann, der solches von sich behauptete? Ein Leben ohne Sünde; eine Lehre, die ewig bleibt; die Kraft, Sünden zu vergeben; das Recht, verehrt zu werden; die Richtergewalt über alle Menschen; das Opfer des eigenen Lebens als Lösegeld für uns; die Kraft, uns am Ende der Zeiten zum Leben zu erwecken. Wer ist das? Er kommt nicht nur als Mensch, nicht einmal als der größte Mensch, der je lebte. Er ist nicht nur ein großartiger Lehrer oder ein wunderbarer Heiler. Vielmehr kommt er mit der Autorität des allmächtigen Gottes, seines himmlischen Vaters. Er hat Anteil am Wesen des Vaters, an der Kraft des Vaters, an der Autorität des Vaters. Er ist nicht nur ein Mensch – er ist auch wie sein himmlischer Vater. Wenn wir ihm begegnen, begegnen wir dem menschgewordenen Antlitz Gottes. Aus diesem Grund sollten wir Jesus für wichtig halten.

7

WEIL ER VOLLER LIEBE FÜR SIE IST

Stellen Sie sich vor, eine ganz besondere Person hält Sie fest umklammert und flüstert: »Liebling, ich liebe dich.« Das ist etwas Tolles, und Sie genießen es. Wird es aber anhalten? Oder ist es ein vergängliches Gefühl, das morgen schon verflogen ist und im nächsten Jahr in ein anderes Ohr geflüstert wird? In unserer modernen Welt haben wir fast vergessen, was echte Liebe ist, weil wir uns so sehr auf die Gefühle konzentrieren, die sich als Begleiterscheinungen einstellen.

Echte Liebe ist widerstandsfähig. Echte Liebe hat Ausdauer. Echte Liebe ist selbstlos. Echte Liebe sieht nicht gern Fehler in der geliebten Person. Echte Liebe kann alles ertragen. Echte Liebe ist bereit, für die geliebte Person zu leiden. Echte Liebe ist sogar bereit, für diese Person zu sterben.

Eine solche Liebe hat Jesus Christus für uns. Nicht deshalb, weil er uns attraktiv findet. Ist Ihnen schon einmal aufgefallen, wie kleinlich, abstoßend, abscheulich unser Leben vor den vollkommen sündlosen Augen Jesu sein muß? Er liebt uns nicht deshalb, weil wir attraktiv wären und seine Liebe verdient hätten, sondern einfach deshalb, weil er Liebe ist. Dies wird im Neuen Testament immer wieder betont: »Also hat Gott die Welt geliebt, daß er seinen eingeborenen Sohn gab, damit alle, die an ihn glauben, nicht verloren werden, sondern das ewige Leben haben« (Johannes 3,16). »Gott aber erweist seine Liebe zu uns darin, daß Christus für uns gestorben ist, als wir noch Sünder waren« (Römer 5,8). »Gott ist die Liebe. Darin ist erschienen die Liebe Gottes unter uns, daß Gott seinen eingeborenen Sohn gesandt hat in die Welt, ... zur Versöhnung für unsere Sünden« (1. Johannes 4,8-10). Ein leitender Christ, Johannes, der verurteilt wurde, im Exil in den Bergwerken der Insel Patmos zu leben, war voller Lob für die Liebe, die er erfahren und die sein Leben verändert hatte: »Ihm, der uns liebt und uns erlöst hat von unsern Sünden mit seinem Blut... ihm sei Ehre und Gewalt von Ewigkeit zu Ewigkeit!« (Offenbarung 1,5-6). Vielleicht das bewegendste Bekenntnis, was es bedeutet, persönlich von der Liebe Gottes erreicht zu werden, sehen wir beim Apostel Paulus; er spricht vom »Sohn Gottes, der mich geliebt hat und sich selbst für mich dahingegeben« (Galater 2,20). Es ist eine wunderbare Sache, geliebt zu werden. Es macht Sie irgendwie reiner und edler, gibt Ihnen Selbstbewußtsein. Sie möchten es allen Menschen sagen. Ihr Herz singt davon. Jemand ist zu dem Schluß gekommen, daß Sie liebenswert sind. Das gehört zu dem Wunderbaren am christlichen Leben. Der Herr selbst erachtet Sie und mich für liebenswert.

Aber woher *weiß* ich das? Und woher weiß ich, daß er gerade *mich* liebt? Das sind brennende Fragen. Darauf gibt aber das Neue Testament eine klare Antwort. Wir müssen nicht über eine so wichtige Angelegenheit im Ungewissen bleiben.

DAS SYMBOL DES CHRISTENTUMS

Was ist das markanteste Zeichen, das wichtigste Symbol für das Christentum? Natürlich das Kreuz. Gerade dieses Kreuz gibt uns die Antwort auf unser Problem. Diese Antwort konnten selbst scharfsinnige Denker noch nie völlig ergründen, dabei kann sie in Ihren Grundaussagen auch für ein Kind verständlich sein. Diese Antwort wird auch in vielen Kirchenliedern festgehalten, z. B. im Lied »Jesus ist kommen, Grund ewiger Freude«:

> Jesus ist kommen, ein Opfer für Sünden,
> Sünden der ganzen Welt träget dies Lamm.
> Sündern die ewge Erlösung zu finden,
> Stirbt es aus Liebe am blutigen Stamm.
> Abgrund der Liebe, wer kann dich ergründen?
> Jesus ist kommen, ein Opfer für Sünden.

Das Kreuz Christi ist der endgültige Beweis, wie sehr er uns liebt. Er liebte uns genug, daß er verspottet, verachtet, verraten, ausgepeitscht und schließlich mit Nägeln an einen entsetzlichen Holzbalken genagelt wurde, um dann in der Mittagshitze zur Schau gestellt zu werden, den Fliegen ausgesetzt, und schließlich unter qualvollen Schmerzen langsam zu sterben. Wenn ich auf Golgatha schaue, kann ich nicht bezweifeln, daß er mich liebt, und zwar mit einer Liebe, die stärker ist als der Tod.

Warum ging er ans Kreuz? Was für einen Sinn hatte das? Hätte er seine Liebe nicht anders zeigen können, ohne solche Qualen zu leiden? Das hätte er vielleicht tun können. Er ging nicht nur deshalb ans Kreuz, um uns seine Liebe zu beweisen. Das war zwar ein wichtiger Teil, und dies ist seitdem wie ein Magnet, der Menschen zu Jesus zieht. Aber Golgatha bedeutet mehr als das. An diesem schrecklichen Galgen hatte er eine ganz bestimmte Aufgabe zu erledigen.

Um es ohne Umschweife zu formulieren: Es ging darum, uns zu retten. Wir brauchten diese Rettung so dringend, daß keine andere Lösung möglich war. Dieses Wort ist altmodisch, aber wir gebrauchen es trotzdem noch. Wenn Sie in einen Fluß fallen und über einen Wasserfall gespült werden, brauchen Sie Rettung. Wenn Sie kein Geld haben und massive Schulden abtragen müssen, brauchen Sie jemanden, der in die Situation kommt, um Sie zu retten. An diese Art von Rettung denkt auch das Neue Testament, wenn es uns sagt, daß Jesus die Menschheit am Kreuz rettete. Er rettete uns davor, in der Trennung von Gott zu ertrinken, in die wir gefallen waren. Er rettete uns davor, im Feuer unserer eigenen Selbstsucht verbrannt zu werden. Er rettete uns von der erdrükkenden Schuldenlast unseres Versagens vor Gott, als wir keine Möglichkeit hatten, die Schuld zurückzuzahlen. Er kam und bezahlte diese Schuld für uns.

Vielleicht sagen Sie: »Ich verstehe das immer noch nicht.« Dann möchte ich Sie auf die einfachste, tiefgründigste Erklärung des Kreuzgeschehens hinweisen, die ich kenne. Sie stammt aus einem Brief eines Mannes, der am ersten Karfreitag am Rand der Menge bei der Hinrichtung Jesu stand – Simon Petrus. Warum starb er denn, lieber Petrus? Du solltest es wissen. »Christus hat einmal für die Sünden gelitten, der Gerechte für die Ungerechten, damit er euch zu Gott führte« (1. Petrus 3,18). Das ist der Grund. Am Kreuz litt er unbeschreibliche Schmerzen. Warum? Um uns zu Gott zu führen. Das war sein höchstes Ziel, als er auf die Erde kam. Was hinderte ihn daran? Unsere Sünden natürlich. Selbstsucht, Gelüste, Haß, Gier, Gemeinheit, Stolz, und was wir sonst noch für schreckliche Dinge in unserem Leben haben. Diese Dinge waren wie eine große Mauer zwischen uns und Gott. Wir konnten nicht über diese Mauer schauen. Wir wußten nicht einmal, ob die Mauer eine andere Seite hat oder ob jemand auf der anderen Seite war. Aber am Kreuz litt Jesus, um diese Mauer der Sünde einzureißen. Das machte er dadurch, daß die Mauer auf ihn selbst fiel. Der Gerechte für die Ungerechten, das war das Rezept. Er, der Gerechte, nahm den Platz ein, der uns, den Ungerechten, gehörte. Er bezahlte unsere Schulden, trug unsere Last, nahm unsere Strafe auf sich. Er tat es, damit wir vollkommene Vergebung von Gott erfahren können, ohne daß Gott seine Gerechtigkeit leugnet. Es war alles gerecht, denn unsere Strafe hatte der Herr selbst an unserer Stelle getragen.

DAS WUNDERBARE AM CHRISTENTUM

Wenn Sie das erkennen, verschlägt es Ihnen den Atem. Hat er mich denn so sehr lieb? Ja, und Golgatha ist der Beweis dafür. Was, mich? Ja, Sie. So sehr hat er Sie geliebt. »Der Sohn Gottes hat mich geliebt und sich für mich hingegeben«, singt Paulus, der ehemalige Rebell, der Jesu Jünger wurde. Er hörte nie auf, darüber zu staunen. Kann man es ihm verdenken? Beginnt nicht Ihr eigenes Herz, sich über den Gedanken zu freuen, daß der Schöpfer des Himmels und der Erde Sie so sehr lieben sollte, daß er so viel auf sich nimmt, um Sie vor den Folgen Ihrer eigenen Selbstbezogenheit zu retten?

Dadurch sind wir frei. Wir bekommen ein neues Lied in unseren Mund und eine neue Freude in unseren Gang. Der Sohn Gottes hat mich geliebt und sich für mich hingegeben. Dann bin ich ja wertvoll. Dieser Herr muß sehr liebevoll sein. Ich kann sicher sein, daß mir vergeben ist, denn das ist ein für allemal am grausamen – aber herrlichen – Kreuz besiegelt worden.

Sie werden bemerkt haben, daß ich keine menschlichen Parallelen für das gegeben habe, was am Kreuz geschah. Es gibt nämlich keine. Eine Liebe, die sich nicht nur für die Freunde opfert, sondern sogar für seine Feinde, hat in dieser Welt keine Parallelen. Wenn Sie an einen Schiffskapitän denken, der mit seinem Schiff untergeht, oder an eine Mutter, die ihr Leben für ihr kleines Kind opfert, dann werden sie merken, daß kein Vergleich möglich ist. Das Kreuz ist vollkommen einzigartig. Nichts auf der ganzen Welt ist mit der Liebe zu vergleichen, die Jesus für Sünder hat. Aus diesem Grund sollten Sie Jesus ernstnehmen. Er liebt Sie so sehr, daß er das alles für Sie ertrug. Können Sie ihm nun ins Auge sehen, während er Ihnen die durchbohrten Hände zur Begrüßung hinstreckt, und ihm sagen: »Warum sollte ich dich als wichtig ansehen?«

8

WEIL ER DEN TOD ÜBERWUNDEN HAT

Wenn Jesus nur eine großartige Person wäre, die vor langer Zeit lebte und aus Liebe zu uns einen besonders unangenehmen Tod auf sich nahm, dann wäre es vielleicht vertretbar, ihn zu übersehen. Schließlich müssen wir uns auf die Zukunft konzentrieren, nicht ständig in der Vergangenheit leben. Aber wenn er aus dem Grab auferstand, sieht die Sache vollkommen anders aus. Das bedeutet, daß ein Mensch die Schallmauer des Todes durchbrochen hat. Es gibt einen Menschen, der aus eigener Erfahrung weiß, was auf der anderen Seite zu finden ist. Ein Mensch ist qualifiziert, um uns über den eiskalten Fluß des Todes zu führen. Ein Mann, anders als alle anderen vor oder nach ihm, ist »eingesetzt als Sohn Gottes in Kraft durch die Auferstehung von den Toten« (Römer 1,4). Wenn das wahr ist, haben wir keine Ausrede, um ihn nicht ernstzunehmen. Wenn das wahr ist, dann ist er einzigartig unter den religiösen Führern, den Heilern und Lehrern der Menschheit. Wer außer ihm ist von den Toten auferstanden?

Aber ist es auch wirklich wahr? Kam er am ersten Ostersonntag aus dem Grab? Zunächst sieht es sehr unwahrscheinlich aus. Für gewöhnlich stehen Tote nicht aus dem Grab auf. Aber Augenblick mal. Die uns bekannten Toten sind alle der allgemeinen menschlichen Krankheit der

Sünde und des Versagens zum Opfer gefallen. Wir wissen gar nicht, was passieren würde, wenn ein perfekter Mensch stirbt. Außer Jesus gab es noch keinen. Wir verfügen also nicht über genug Information, um sagen zu können, er hätte den Tod nicht sprengen können. Wir sollten deshalb die Fakten etwas näher untersuchen. Das Beweismaterial für seine Auferstehung ist sehr schlüssig. Seit dem ersten Jahrhundert wurde immer wieder versucht, die Indizienkette zu sprengen, aber keine andere Erklärung der Fakten konnte lange Bestand haben. Wenn Sie diese Frage im Detail verfolgen möchten, könnten sie die Untersuchungen eines führenden Rechtsanwalts in dem Buch lesen: »The Evidence for the Resurrection« *(Die Beweise für die Auferstehung)* von Professor Sir Norman Anderson. Oder wenn Sie nicht viel von Rechtsanwälten halten, können Sie das Buch eines Journalisten lesen: »Who Moved the Stone?« *(Wer rückte den Stein weg?)* von Frank Morrison. Ich habe mich auch selbst an diesem Thema versucht; mein Buch heißt: »The Day Death Died« *(Der Tag, an dem der Tod starb)*. An dieser Stelle ist kein Platz, um alle Einzelheiten zu untersuchen, aber ich möchte wenigstens die wichtigsten Fakten kurz umreißen.

Zunächst ist es unbestreitbar, daß Jesus tot war. Tot ohne jeden Zweifel. Der Zenturio, der das Hinrichtungskommando leitete, bestätigte, daß er tot war. Der Statthalter Pilatus erkannte seinen Tod an und gestattete, daß ein Freund Jesu die Leiche beisetzte. Der letzte Beweis kam, als ein Schwert in seine Seite unterhalb vom Herzen gestochen wurde und, wie ein Augenzeuge berichtet, »Blut und Wasser« herausfloß (Johannes 19,34-35). Natürlich kannten die damaligen Menschen nicht den medizinischen Hintergrund, aber die Diagnose ist eindeutig. Dunkles Blut und helles Serum flossen aus Jesu Körper, und die Trennung dieser Bestandteile ist der stärkste medizinische Beweis für den Eintritt des Todes. Schenken Sie also den Theorien keinen Glauben, die besagen, er wäre nur ohnmächtig geworden und hätte sich in der Kühle des Grabes erholt. Er war eindeutig tot. Ist er aber tot geblieben? Bedenken Sie bitte vier Faktoren.

BEDENKEN SIE DAS ENTSTEHEN DER CHRISTLICHEN GEMEINDE

Die Sache begann am ersten Osterfest, als die Jünger Jesu entmutigt, zerstreut und deprimiert waren. Ihr Führer, von dem sie so viel erhofft hatten, war so früh und so schändlich hingerichtet worden. Wie kam es denn, daß diese Jünger danach zu einer Macht wurden, die das Römische Reich erschütterte? Sie hatten nur eine Antwort auf diese Frage: »Diesen Jesus hat Gott auferweckt; dessen sind wir alle Zeugen« (Apostelgeschichte 2,32). Von Anfang an hatte die Gemeinde drei Dinge, die diese Überzeugung von der Auferstehung Jesu stützten. Sie hatten zwei Sakramente, die Taufe und das Abendmahl. In der Taufe ging der Gläubige in das Wasser hinab und kam auf der anderen Seite wieder heraus – ein Symbol für seine Vereinigung mit Jesus in seinem Tod und seiner Auferstehung. Im Abendmahl dachten sie nicht nur mit Dankbarkeit an seinen Tod zurück, sondern freuten sich an seiner Gegenwart als Auferstandener unter ihnen, denn sie »brachen das Brot hier und dort in den Häusern, hielten die Mahlzeiten mit Freude und lauterem Herzen« (Apostelgeschichte 2,46). Beide Sakramente wären unvorstellbar gewesen, wenn die Auferstehung Jesu nicht zu den Grundüberzeugungen ihres Glaubens gehört hätte. Die dritte Neuerung war der Sonntag. Seit dem Anfang entdecken wir, daß Christen den ersten Tag der Woche heiligen und nicht den siebten, wie die Juden es taten. Warum? Weil Gottes Werk der neuen Schöpfung in der Auferstehung Jesu am ersten Tag der Woche ihnen noch wichtiger erschien, als das Fest des siebten Tages, an dem Gott seine Schöpfung vollendete und sich ausruhte.

Noch einmal sehen wir, daß die Auferstehung eine zentrale Rolle spielt.

BEDENKEN SIE DAS LEERE GRAB JESU

Auf allen Seiten wird übereinstimmend festgestellt, daß das Grab am ersten Ostermorgen leer war. Wenn das nicht so wäre, hätten die Juden die ersten Christen sehr leicht zum Schweigen bringen können, als sie anfingen, über den auferstandenen Jesus zu predigen. Sie hätten sagen können: »Er ist nicht auferstanden, sondern er liegt und verwest im Grab da drüben.« Das hätten sie auch sehr gern gesagt, um die neue Bewegung im Keim zu ersticken, aber sie konnten es nicht. Daß sie nicht imstande waren, die Leiche vorzuzeigen, ist ein Beweis, daß die jüdischen Behörden die Leiche nicht stahlen. Die Römer hatten die Leiche auch nicht gestohlen, sonst hätten sie sie einige Wochen später vorzeigen können, als die christliche Kirche eine Gefahr für den Frieden darstellte. Die einzig möglichen Grabräuber wären also die Jünger gewesen. Aber je länger wir darüber nachdenken, desto unglaublicher wird dieser Gedanke. Auch wenn sie es geschafft hätten, die Wache am Grab zu überlisten, wären sie kaum bereit gewesen, sich später für ihren Glauben zu Märtyrern machen zu lassen, wenn sie wüßten, daß alles Betrug wäre. Die Freude, Zuversicht und Kraft, die das Neue Testament ausstrahlt, können wir überhaupt nicht erklären, wenn wir davon ausgehen, daß die ersten Christen Heuchler waren, die Jesus für lebendig ausgaben, obwohl sie vom Gegenteil überzeugt gewesen waren. Ich kenne niemanden, der das Material untersucht hat und diese Erklärung für möglich hält. Wenn also die Leiche Jesu weder von seinen Freunden noch von seinen Feinden geraubt wurde, bleibt nur eine Möglichkeit übrig. Gott muß ihn tatsächlich von den Toten auferweckt haben, genau wie die erstaunten, triumphierenden Christen behaupteten.

BEDENKEN SIE DIE ERSCHEINUNG JESU NACH DER AUFERSTEHUNG

Er hinterließ uns nicht ein leeres Grab, für das wir keine Erklärung hätten. Vierzig Tage lang zeigte er sich seinen Jüngern bei vielen verschiedenen Gelegenheiten und an verschiedenen Orten. Das widerlegt sofort die Theorie, diese Erscheinungen hätten Halluzinationen sein können. Es ist nicht möglich, daß verschiedene Menschen mit verschiedenem Temperament an verschiedenen Orten alle die gleiche Halluzination erleben. Einmal erschien er vor mehr als fünfhundert Menschen am gleichen Ort, und die meisten von ihnen lebten noch und konnten es bestätigen, als Paulus diese Tatsache in seinem ersten Brief an die Korinther (15,6) erwähnte.

BEDENKEN SIE DAS VERÄNDERTE LEBEN SEINER JÜNGER

In 1. Korinther 15,5-8 finden wir eine höchst interessante und sehr frühe Liste der Personen, die Jesus nach der Auferstehung begegneten. Die Liste stammt aus einer Zeit zwei oder drei Jahre nach dem Ereignis selbst, und sie war schon ein fester Bestandteil der Überlieferung, bevor Paulus Mitte der dreißiger Jahre n. Chr. auf der Straße nach Damaskus Christ wurde. Nach dieser Aufzeichnung stand Jesus von den Toten auf und erschien Petrus, dann den Zwölf, dann fünfhundert Christen, dann Jakobus und zum Schluß Paulus. Bedenken Sie, welche Verwandlung diese Auferstehung bewirkte! Petrus verwandelte sich von einem feigen Verräter zu einem »Mann aus Fels«, dessen Mut und Zeugnis zur Grundlage der frühen Gemeinde wurden. In seinem ersten Brief spüren wir, wie die Freude an der Auferstehung aus ihm strömt: »Gelobt sei Gott, der Vater unseres Herrn Jesus Christus, der uns nach seiner großen Barmherzigkeit wiedergeboren hat zu einer lebendigen Hoffnung durch die Auferstehung Jesu Christi von den Toten« (1. Petrus 1,3). Die Zwölf, die Jesus in der Stunde seiner tiefsten Not verlassen hatten, vertraten ihn nun mutig vor der jüdischen Führung, vor römischen Statthaltern, vor normalen Zweiflern auf der Straße. Die Fünfhundert, die Jesus vermutlich in Galiläa kannten, wurden nun von einer entmutigten Meute zu einer demütigen, freudigen, zuversichtlichen Gemeinde. Jakobus, der zusammen mit den anderen Brüdern Jesu viele Zweifel an Jesus hatte, als er noch am Leben war (sind nicht alle Brüder so?), kam nun zum Glauben an ihn. Warum? Das Neue Testament sagt uns den Grund: »Danach ist er gesehen worden von Jakobus« (1. Korinther 15,7). Jakobus wurde also von einem zweifelnden Bruder zu einem furchtlosen Leiter der Gemeinde in Jerusalem verwandelt, der später zum Märtyrer wurde für den Bruder, über den er einmal gelacht hatte. Über Paulus wissen wir alle Bescheid. Der größte Verfolger Jesu wurde zu seinem stärksten Verfechter und Jünger. Wieso? »Zuletzt von allen ist er auch von mir ... gesehen worden« (1. Korinther 15,8). Wenn wir ehrlich und nüchtern betrachten, welche Veränderungen im Leben dieser Männer stattfanden, und daß sie alle diese Verwandlung auf die Auferstehung zurückführten, dann werden Sie bestimmt mit mir einig sein, daß die Beweise für die Auferstehung außerordentlich stark sind.

Das Entstehen der Kirche, das leere Grab, die Erscheinungen des Auferstandenen, das veränderte Leben seiner Jünger – das sind alles

Stränge an einem einzigen Seil. Alle Fakten deuten darauf hin, daß Jesus wirklich von den Toten auferstand. Deshalb waren seine Jünger überzeugt, daß er mehr war als nur ein Mensch. Deshalb fanden sie es wichtig, ihn anzubeten. Deshalb waren sie so zuversichtlich. Deshalb breiteten sie sich so schnell aus. Deshalb konnten Millionen von Christen zu allen Zeiten auf der ganzen Welt mit in das Zeugnis einstimmen, daß Jesus von den Toten auferstanden war. Er lebt, und sie wissen das.

Wenn wir alles bedenken, dann gibt es sehr gute Gründe, warum Sie Jesus wichtig nehmen sollten. Wenn er von den Toten auferstand, ist er der Sohn Gottes. Wenn er von den Toten auferstand, lebt er jetzt und Sie können in Beziehung zu ihm treten. Wenn er von den Toten auferstand, kann er Sie durch dieses Leben und durch das nächste Leben führen – und er ist die einzige Person auf der ganzen Welt, die das kann. Es wäre ratsam, ihn wichtig zu nehmen, solange Sie noch Zeit haben.

9

WEIL ER IHR LEBEN VERÄNDERN KANN

Die Beweise für die Auferstehung hören nicht mit dem ersten Jahrhundert auf. Einer der eigenartigsten Beweise für die Auferstehung ist dies: Die meisten historischen Ereignisse werden mit zunehmender zeitlicher Entfernung immer ungewisser, aber die Überzeugung, daß Jesus auferstand und nun lebt, ist im Laufe der Jahrhunderte immer stärker geworden. Heute ist es nicht nur so, daß Sie einen Petrus, einen Johannes und fünfhundert weitere Zeugen finden, die Ihnen bezeugen, daß er noch lebt und wirkt – heute finden Sie Millionen von Zeugen auf der ganzen Welt. Sie bezeugen dies zum Teil wegen der historischen Beweise, aber der Hauptbeweis liegt für sie darin, daß sie ihn kennen. Wohlgemerkt, nicht nur, daß sie Dinge über ihn wissen, sondern daß sie ihn persönlich kennen. Dazwischen liegt ein himmelweiter Unterschied.

Wenn ich Dinge über jemanden weiß, dann ist diese Person für mich eine flache, historische Figur, ob er heute lebt oder vor langer Zeit lebte. Aber wenn ich die Person kennenlerne, wird sie dreidimensional. Zunächst werden wir uns vorgestellt, dann verbringen wir etwas Zeit zusammen, dann werden wir Freunde, und schließlich entwickeln wir eine tiefe Beziehung.

ANDERE WERDEN VERÄNDERT

Ähnlich ist es mit Jesus. Jahrelang wußte ich Dinge über ihn; ich hatte ein flaches, historisches Bild von ihm. Eines Tages erkannte ich, wenn er tatsächlich auferstanden war (was ich irgendwie glaubte), dann war er noch lebendig und zugänglich, und ich könnte ihn kennenlernen. Also bat ich ihn, für mich erfahrbar zu werden. Ich bat ihn, mein Freund zu sein und ein enges Verhältnis zu mir zu haben. Ich bat ihn, mich durch seine Freundschaft zu verwandeln, damit ich so werde, wie ich sein sollte. Seit dem Tag vor über dreißig Jahren kann ich ehrlich sagen, daß ich nicht nur Dinge über Jesus weiß, sondern ihn kenne.

In gewisser Hinsicht hat sich nicht viel verändert, seit er auf der Erde lebte. Damals veränderte er Menschen, wenn sie engen Kontakt mit ihm hatten. Denken Sie an Jakobus und Johannes, die »Donnersöhne«, wie man sie nannte, jähzornig und streitsüchtig. Dann lesen Sie den ersten Johannesbrief und sehen Sie, wie die Liebe Christi förmlich daraus fließt. Dann werden Sie spüren, welch ein Talent Jesus hatte, Menschen zu ihrem Vorteil zu verändern.

Oder schauen Sie auf Maria Magdalena, nicht nur eine Prostituierte, sondern auch noch von Dämonen besessen. Sie war tief im Okkulten verstrickt gewesen. Jesus verwandelte ihr Leben von Grund auf. Sie wurde rein und liebevoll, eine hingebungsvolle Nachfolgerin, und sie wurde die erste Zeugin der Auferstehung. Oder denken Sie an Jakobus und Judas, zwei Brüder von Jesus, die nicht viel von ihrem Bruder hielten; nach der Auferstehung erkannten beide, wer Jesus war, und beide schrieben Briefe, die wir im Neuen Testament finden und in denen sie sich als seine Sklaven bezeichnen!

Diese lebensverändernde Wirkung ging weiter, auch als Jesus nicht mehr auf Erden lebte, und sein Heiliger Geist im Herzen und im Leben der Gläubigen wohnte. Der Geist ermöglichte es Jesus, gleichzeitig in vielen Menschen das zu erreichen, was er in seinem irdischen Leben nur in den Menschen tun konnte, die ihm direkt begegneten – sie zu verwandeln. Das höchste Ziel des Heiligen Geistes im Leben der Christen ist, daß sie so werden wie Jesus. Er macht uns Jesus allmählich ähnlicher, wenn wir in enger Gemeinschaft mit ihm leben (2. Korinther 3,18 drückt das wunderbar aus). Die Veränderung bei den ersten Christen war dramatisch. Sie waren nicht nette, anständige Menschen, die gern sonntags zur Gemeinde gingen. Sie waren »Unzüchtige, Götzendiener, Ehebrecher ... Knabenschänder, Diebe, Geizige, Trunkenbolde, Lästerer oder Räuber ... Solche sind einige von euch gewesen« (1. Korinther 6,9-11). »Aber ihr seid reingewaschen, ihr seid geheiligt, ihr seid gerecht geworden durch den Namen des Herrn Jesus Christus und durch den Geist unseres Gottes.« Das ist es, was Jesus die größte Ehre bringt: Er nimmt Menschenleben, die durch Selbstsucht und Sünde verdorben sind, und er verwandelt sie, so daß sie beginnen, mit dem Licht zu leuchten, das von ihm ausstrahlt. Darum geht es im Leben eines Christen. Der lebendige, auferstandene Jesus verwandelt Menschen noch heute.

Denken Sie an bekannte Persönlichkeiten unserer Tage. Sportler und Sportlerinnen, Rocksänger und Medienpersönlichkeiten gehören zu denen, die entdeckt haben, daß Jesus lebt. Viele Parlamentsabgeordnete und Minister in verschiedenen Ländern sagen ganz offen, daß ihr Glaube an Jesus ihr Leben verwandelt hat und zum wichtigsten Faktor in ihrem Leben geworden ist. Andere folgen Jesus mutig in der sehr professionellen Welt des Profi-Fußballs oder der Popmusik – man sieht es an ihrer Sprache und an ihrem Verhalten.

AUCH SIE WERDEN VERÄNDERT

Jesus interessiert sich nicht nur für berühmte Leute. Ich kenne zum Beispiel einen großartigen Mann, Hilfsarbeiter von Beruf, der Jesus fand, als er im Gefängnis war. Seine Frau lernte Jesus kennen, während sie darauf wartete, daß er freikam. Das machte einen großen Unterschied in ihrem Leben! Das erinnert mich an einen anderen ehemaligen Gefangenen, den ich gut kenne. Er war Autodieb gewesen, und er lernte Christus im Gefängnis von Reading kennen. Raten Sie mal, was er jetzt macht. Er ist Pfarrer!

Ich denke auch an die Zeit, als ich in Oxford arbeitete. Jahr für Jahr gab es viele, viele agnostische Studenten, die in Jesus Christus einen lebendigen, herausfordernden Freund und Berater fanden. Man kann immer wieder beobachten, wie Menschen durch ihn verändert werden. Sie bekommen eine neue Freude, ein neues Interesse an anderen, eine neue Fähigkeit, alte Gewohnheiten abzulegen, eine neue Liebe für das Gebet, eine Freude an der Gemeinschaft mit anderen Freunden von Jesus, eine Selbstlosigkeit, die vorher nicht da war. Dabei ist es nicht wichtig, aus welchem Hintergrund die Menschen kommen. Ich denke zum Beispiel an einen sehr kultivierten Japaner, an einen reichen Moslem aus der Türkei, an einen sanften Hindu, an einen lebenslänglichen Gefangenen, an eine Prostituierte, an viele Kinder aus Familien des Mittelstandes, an einen Schreiner, an einen intellektuellen Juden. Jesus hat für alle Platz gefunden. Er ist zu allen Zeiten für alle offen.

Weil er lebt, können Sie auch mit ihm reden – sofern Sie mit ihm Bekanntschaft gemacht haben. Sie können seine Gesellschaft genießen, und das ist eine große Hilfe gegen die Einsamkeit, die uns alle manchmal befällt. Er hat nämlich versprochen: »Ich bin bei euch alle Tage« (Matthäus 28,20).

Weil er lebt, können Sie ihn um Hilfe bitten, wenn Sie unter Druck sind und den Versuchungen kaum widerstehen können. »Der in euch ist, ist größer als der, der in der Welt ist«, steht in der Bibel (1. Johannes 4,4). Das stimmt auch – Sie können es selbst erfahren. Sie brauchen nur zu sagen: »Herr, hilf mir« – und er wird es tun.

Weil er lebt, können Sie zu ihm zurückkommen, wenn Sie etwas getan haben, was Sie hinterher bedauern. Sie können zu ihm sagen: »Ich war ein Idiot. Tut mir leid.« Denn: »Wenn wir unsere Sünden bekennen, so ist er treu und gerecht, daß er uns die Sünden vergibt und reinigt uns von aller Ungerechtigkeit« (1. Johannes 1,9).

Weil er lebt, können Sie ihm Ihre Arbeit, Ihre Ehe, Ihre Zukunft anvertrauen. Petrus drückt es mit einfachen, einprägsamen Worten aus: »Alle eure Sorge werft auf ihn; denn er sorgt für euch« (1. Petrus 5,7).

Weil er lebt, müssen Sie auch vor dem Alter und dem Ruhestand keine Angst haben. Aus Ihren Aufgaben für ihn müssen Sie sich nie zurückziehen. Er hält Sie nicht für überflüssig, wenn Sie graue Haare bekommen. Und wenn Sie dann eines Tages sterben müssen, wird er Ihnen zuflüstern: »Sei getrost. Ich bin es. Fürchte dich nicht.«

Ein solches Leben mit Jesus wird Sie gründlich verändern. Wünschen Sie sich nicht eine solche Verwandlung, zumindest in Ihren besseren Momenten? Dann können Sie nicht mehr sagen: »Warum ist Jesus wichtig?« Er ist gerade derjenige, den Sie brauchen, wenn Sie zu dem Mann oder zu der Frau werden sollen, der oder die Sie sein könnten – und sein sollten. Verpassen Sie nicht die Chance Ihres Lebens.

10

WEIL SIE IHN BRAUCHEN

Vielleicht sagen Sie sich: »Ich brauche Jesus Christus nicht. Er ist nur für schwache Menschen, die eine Stütze im Leben brauchen.« Stimmt das wirklich? Darf ich Ihnen einige Fragen stellen?

KENNEN SIE VIEL LIEBE IN IHREM LEBEN?

Sex kennen Sie vielleicht. Aber eine ausdauernde Liebe? Eine Liebe, die Sie erträgt, auch wenn Sie sich unmöglich benehmen? Eine Liebe, die aus Ihrer Familie einen Ort macht, wo andere gern hineinkommen? Eine Liebe, die zunimmt, während Sie und Ihr Partner (bzw. Ihre Partnerin) älter werden? Eine Liebe, die auch für andere gilt und sie großzügig annimmt, ohne sie zu verurteilen? Wenn Sie nicht viel von dieser Liebe in Ihrem Leben kennen, sollten Sie Jesus wichtig nehmen. Er kann sie Ihnen nämlich geben.

FINDEN SIE ECHTE ERFÜLLUNG IN IHREM LEBEN?

Viele Menschen denken, daß das Glück darin besteht, immer mehr Geld und immer mehr Besitz zu haben. Haben Sie gemerkt, daß das keine Zufriedenheit bringt? Andere denken, daß man automatisch glücklich wird, wenn man Berühmtheit und Macht erlangt oder seine Ziele erfüllt sieht. Haben Sie entdeckt, daß auch das nicht zutrifft? Glück ist eine Sache, die sich innerlich abspielt. Sie ist mehr oder weniger unabhängig von unseren äußeren Umständen. Als Paulus im Gefängnis angekettet war, konnte er schreiben: »Freuet euch in dem Herrn allewege, und abermals sage ich: Freuet euch!« (Philipper 4,4). Könnten Sie das tun, wenn Sie im Gefängnis wären? Wenn nicht, dann brauchen Sie denjenigen, der eine solche Freude geben kann, nämlich Jesus.

WIE STEHT ES MIT IHREN BEZIEHUNGEN?

Können Sie eigentlich umsetzen, was Sie sich vornehmen – etwa alle Menschen so behandeln, wie Sie selbst behandelt werden möchten? Sind Sie ausgeglichen, rücksichtsvoll, freundlich; vertrauen Sie anderen auch dann, wenn Zweifel nicht ausgeräumt werden können? Wenn Sie diese Frage schwierig finden, könnten Sie auch Ihre Frau, Ihren Mann, Ihre Sekretärin, Ihre Kolleginnen und Kollegen, Ihre Klassenkameraden oder Geschäftsfreunde fragen. Heutzutage fällt uns der Umgang mit Dingen oft leichter als der Umgang mit Menschen. Menschen sind ja so unberechenbar! Wenn Sie auf dem Gebiet der Beziehungen einen Schwachpunkt haben, brauchen Sie den Kontakt zum größten Experten auf diesem Gebiet, Jesus. Er gibt uns ein neues Gebot – daß wir uns gegenseitig lieben sollen. Er sagt uns ferner, daß er die erforderliche Liebe in uns bewirken kann. Das ist die erste und beste Frucht, die sein Geist in uns trägt, wenn er einmal in uns Wurzeln schlagen darf.

SORGEN SIE SICH UM DIE ZUKUNFT?

Oder vielleicht finden Sie die Frage der Zukunft insgesamt verwirrend und beängstigend. Dabei ist es unerheblich, ob Sie Arbeitgeber oder Gewerkschaftler sind, ob Sie sich als Mädchen fragen, ob Sie heiraten sollen (wobei Sie wissen, daß jede dritte Ehe scheitert und sich fragen, ob Ihre Ehe auch scheitern wird), oder ob Sie sich überlegen, was Sie tun sollen, wenn Sie die Schule verlassen (und sich vielleicht arbeitslos melden müssen). Aus jeder Perspektive ist das Leben schwer und voll beängstigender Entscheidungen. Spricht nicht einiges dafür, die persönliche Führung und Fürsorge dessen in Anspruch zu nehmen, der vor uns hier war, der jede Schwierigkeit und jedes Problem kennt? Er hält die Zukunft in seiner Hand. Ich kann Ihnen nicht versprechen, daß Sie eine leichte Antwort auf alles finden, wenn Sie sich ihm anvertrauen. In gewisser Weise werden manche Probleme sogar schwerer. Aber die Freude an diesem liebevollen, verständnisvollen Freund, der alle Probleme mitträgt, würde ich nicht gegen alle Reichtümer der Welt eintauschen.

HABEN SIE FEHLER UND SCHWÄCHEN?

Gibt es bei Ihnen Schwächen, über die Sie manchmal entmutigt sind? Oder sind Sie vollkommen, wie jener William Weddel, der mit einem Denkmal vor der Kathedrale in Rippon, Nordengland, geehrt wird? Dort steht: »Im Andenken an William Weddel aus Newby, in dem alle Tugenden vereint waren, die den Geist des Menschen bereichern, aller Edelmut, die den Menschen ziert; dieses Bildnis, ein schwaches Abbild seiner edlen Gestalt, wurde von seiner Witwe geweiht.« Wenn wir so etwas sehen, müssen wir lachen. Wir wissen, daß Menschen nicht so sind. Wir selbst sind auch weit davon entfernt. Wir brauchen doch den Schreinermeister aus Nazareth, der das grobe Holz unseres Lebens bearbeitet und aus uns etwas schnitzt, was seinen wunderbaren Charakter widerspiegelt.

HABEN SIE FRIEDEN ÜBER IHR LEBEN?

Es gibt zwei andere Bereiche, über die wir heute kaum sprechen, aber die jeder Mann, jede Frau und jedes Kind braucht: *eine Vergebung, die alle Schuld der Vergangenheit auslöscht und ein Leben, das auch in Zukunft Bestand hat.* Ich habe noch niemanden kennengelernt, der nicht in irgendwelchen dunklen Ecken seines Lebens ein schlechtes Gewissen hat. Diese wunden Punkte kann uns kein Arzt, kein Psychiater und kein Verhaltenstherapeut nehmen. Wir alle haben Dinge getan, von denen wir wünschen, wir hätten sie nicht getan. In unserem Leben gibt es böse Taten, die wir getan haben (sogar mit Absicht), über die wir uns nun zutiefst schämen. Wegen dieser Dinge fühlen wir uns verschmutzt, und wir wissen nicht, wie wir die Spinnweben der Vergangenheit wegwischen sollen. Das gehört zu unseren grundlegenden Bedürfnissen. Ein weiteres Bedürfnis bekommt ein zunehmendes Gewicht, wenn wir unsere siebzig Jahre auf Erden nach und nach durchleben. In unseren Teenagerjahren scheint das Leben endlos zu sein. Wenn wir in den fünfziger Jahren sind, sieht es jedoch kurz aus, und wenn wir einundsiebzig erreichen, erkennen wir, daß wir nun geschenkte Jahre erleben. Gibt es denn nichts, was über dieses Leben hinausreicht? Innerlich fühlen wir, daß es etwas geben muß, was über den Tod hinaus Bestand hat. Aber wie können wir das mit Sicherheit erfahren? Jesus Christus ist der einzige, der diese zwei grundlegenden Bedürfnisse stillen kann. Sein Tod am Kreuz löschte unsere Sünden aus. Wenn er die Dinge anschaut, die wir meinen, nie vergessen und uns selbst nie verzeihen zu können, sagt er: »Ich will ihnen ihre Missetat vergeben und ihrer Sünden nimmermehr gedenken« (Jeremia 31,34) ... »Wohl dem, dem die Übertretungen vergeben sind, dem die Sünde bedeckt ist!« (Psalm 32,1) ... »So gibt es nun keine Verdammnis für die, die in Christus Jesus sind« (Römer 8,1) ... »Denn auch Christus hat einmal für die Sünden gelitten, der Gerechte für die Ungerechten, damit er euch zu Gott führte« (1. Petrus 3,18). Wo finden Sie ein vergleichbares Angebot?

Das Ziel, das er verfolgte, als er auf die Erde kam, bestand nur darin, das ewige Leben für uns erreichbar zu machen. Das ewige Leben beginnt nicht, wenn wir sterben. Es beginnt entweder vorher oder überhaupt nicht. »Das ist aber das ewige Leben, daß sie dich, der du allein wahrer Gott bist, und den du gesandt hast, Jesus Christus, erkennen« (Johannes 17,3). An anderer Stelle drückte es Johannes mit einfachen Worten aus: »Wer den Sohn hat, der hat das Leben; wer den Sohn Gottes nicht hat, der hat das Leben nicht« (1. Johannes 5,12). Das ewige Leben ist nicht nur eine zusätzliche Quantität des Lebens, sondern eine ganz neue Qualität – so wie ein junger Mann empfinden mag, wenn er sein erstes Motorrad erhält oder eine junge Frau bei ihrer Hochzeit. Eine neue Dimension des Lebens tut sich auf. So ist es, wenn Jesus Christus in unser Leben kommt. In dem Augenblick beginnt das ewige Leben. Es dauert über den Tod hinaus – und nimmt kein Ende. Dabei haben wir Gemeinschaft mit dem Herrn, den wir lieben.

Wenn Sie das ewige Leben nicht haben wollen und die Vergebung für überflüssig halten, kann ich es verstehen, wenn Sie sagen: »Warum ist Jesus überhaupt wichtig?« Das ist Ihre Entscheidung, die er respektieren wird. Er zwingt sich keinem auf, denn das verträgt sich nicht mit seiner Liebe. Aber wenn Sie moralische Kraft, tiefe Erfüllung, ein Leben voller Liebe, göttliche Führung und eine neue Fähigkeit zum Umgang mit anderen erhalten möchten – und auch noch das Bedürfnis nach Vergebung und ewigem Leben spüren, dann kann ich Ihnen eines sagen: Das alles kann Ihnen nur Jesus geben. Wenn Sie ihn nicht wichtig nehmen, können Sie auch diese anderen Dinge vergessen.

11

WEIL ER SIE ZU SICH RUFT

Viele glauben, es wäre der Weg des geringsten Widerstandes, Christ zu sein. Unglaublich! Daran sehen wir, wie effektiv die Propaganda-Abteilung des Feindes funktioniert. Tatsache ist, daß wir unter den verbindlichen Nachfolgern Jesu nur mutige Menschen finden, die auch bereit sind, gegen den Strom zu schwimmen. Manche von ihnen sind alte Frauen, manche sind harte Geschäftsführer, Hilfsarbeiter oder Journalisten – aber alle brauchen moralischen Mut, wenn Sie sich öffentlich zu den Freunden Jesu zählen lassen wollen. Er hat uns nie ein leichtes Leben geboten. Sein Leben war hart, und er warnte uns, daß uns ein ähnliches Leben erwartet. Er sagte, wir müßten ihn mehr lieben als Vater und Mutter, Wohnung und Arbeitsstelle; wir dürften uns nicht über ihn schämen, egal, mit wem wir zusammen wären; wir müßten bereit sein, so auffällig zu sein, wie eine Stadt auf dem Berg; wir würden zu einer Minderheit gehören; in irgendeiner Form müßten wir den Weg des Kreuzes gehen. Er sagte, daß es nicht einfach sein würde, ihm nachzufolgen. Leicht war es wirklich noch nie – und ist es auch heute nicht.

DIE HERAUSFORDERUNG

Wenn Ihnen jemand sagt: »Kommen Sie zu Jesus, dann wird das Leben immer nur schön sein«, dann sollten Sie nicht auf ihn hören. Das ist kein authentisches Bild des Christentums, sondern eine idealisierte Nachahmung.

Achten Sie auf die ersten öffentlichen Worte Jesu, die uns berichtet werden:

»Jesus kam nach Galiläa und predigte das Evangelium Gottes und sprach: Die Zeit ist erfüllt, und das Reich Gottes ist herbeigekommen. Tut Buße und glaubt an das Evangelium!

Als er aber am Galiläischen Meer entlangging, sah er Simon und Andreas, Simons Bruder, wie sie ihre Netze ins Meer warfen; denn sie waren Fischer. Und Jesus sprach zu ihnen: Folgt mir nach; ich will euch zu Menschenfischern machen! Sogleich verließen sie ihre Netze und folgten ihm nach. Und als er ein wenig weiterging, sah er Jakobus, den Sohn des Zebedäus, und Johannes, seinen Bruder, wie sie im Boot die Netze flickten. Und alsbald rief er sie, und sie ließen ihren Vater Zebedäus im Boot mit den Tagelöhnern und folgten ihm nach« (Markus 1,14-20).

In dieser Geschichte finden wir viele interessante Einzelheiten. Beachten Sie, wie Jesus einfach kommt und diese harten Fischer für sich einnimmt. Sie würden nicht jedem folgen! Er muß sie überzeugt haben, daß er tatsächlich Gottes Reich in seiner Person verkörperte. Sie müssen in ihm die »Gute Nachricht« erkannt haben, denn das ist die Bedeutung des Wortes »Evangelium«. Denken Sie auch so von Jesus? Dieser Jesus verkündet die gute Nachricht, was Gottes Herrschaft im Leben der Menschen bedeutet, und er sagt ihnen, daß die Zeit erfüllt ist. Sie müssen sich nun für oder gegen ihn entscheiden. Werden sie nun bereit sein,

Buße zu tun und ihre selbstbezogene Haltung aufzugeben? Werden sie ihm vertrauen? Werden sie sich auf ein Leben in der Nachfolge einlassen – und sich und ihre Zukunft seinen sicheren Händen anvertrauen? Werden sie ihn höher einschätzen als ihre Arbeit, sogar höher als ihre Familien und ihre Kollegen?

So sah die Herausforderung aus, und wir wissen alle, wie sie darauf reagierten. Die gleiche Herausforderung gilt auch für uns. Jesus sagt Ihnen, nachdem Sie in diesem Buch so weit gekommen sind: »Die Zeit ist erfüllt.« Es ist Zeit. Sie haben nun lange genug gewartet. Vielleicht wissen Sie nur wenig über ihn, aber Sie wissen schon genug, um sich ihm anzuvertrauen. Nun hängt alles an Ihrem Willen. Wie werden Sie entscheiden?

DIE ANTWORT

»Was soll ich denn tun?« werden Sie vielleicht fragen. Was Sie tun müssen, ist nicht kompliziert – es ist aber ziemlich schwer. Er sagt Ihnen: »Tue Buße.« Das bedeutet, daß Sie alles hinter sich lassen, was Sie als falsch erkannt haben. Es bedeutet nicht, daß Sie alles Schlechte selbst loswerden, bevor Sie sich ihm geben, denn das können Sie gar nicht. Dazu brauchen Sie ja einen Erlöser. Sie müssen aber bereit sein, ihm zu erlauben, alle kranken Stellen aus Ihrem Leben herauszuschneiden. Er ist der Meisterchirurg. Sie können ihm vertrauen, daß er Ihnen nicht mehr wehtut, als unbedingt notwendig ist, und daß er nur wegschneidet, was hoffnungslos erkrankt ist. Sie müssen nicht große Tränen über die Fehler in Ihrem Leben vergießen können. Sie müssen nur loslassen und Gott handeln lassen. Sagen Sie ihm: »Jesus, komm und mache mich rein. Ich möchte, daß du es tust, egal, was es mich kostet.«

Als ob das nicht schwer genug wäre, kommt noch etwas dazu. Es hat ja niemand gesagt, die Sache wäre leicht. Denken Sie daran, daß das Reich Gottes von nun an Ihr Leben bestimmen soll. Das bedeutet, daß der König die erste Priorität haben muß. Er ist wichtiger als Ihre »Netze«, die vielen Beschäftigungen, die Ihr Leben ausfüllen. Er ist wichtiger als die »Boote«, Ihre Besitztümer, die Ihnen so wichtig erscheinen. Er ist auch wichtiger als die »Tagelöhner«, die vielen Menschen, die vielleicht über Sie lachen. Er hat mehr Priorität als »Zebedäus«, als diejenigen, die Ihnen nahestehen, und denen die veränderte Richtung Ihres Lebens vielleicht nicht gefällt. Sind Sie wirklich bereit, ihm die erste Priorität einzuräumen? Wenn nicht, sollten Sie die Finger von Jesus lassen. Er sucht nach radikalen Menschen, die bereit sind, alles für seine Sache zu geben. Er gab ja auch alles für uns …

»Gut«, sagen Sie, »ich bin bereit – glaube ich.« Das ist gut. Der nächste Schritt ist einfach, aber trotzdem sehr schwer. Er ist einfach, weil auch ein Kind ihn tun kann – und schwer, weil die Demut eines Kindes notwendig ist, um ihn wirklich zu tun. Jesus sagt: »Glaube an die gute Nachricht.« Meinen Sie vielleicht, sie würden schon glauben? Augenblick mal. Zunächst ist die gute Nachricht eine schlechte Nachricht: Daß wir ohne Jesus hoffnungslos verloren sind. Geben Sie das zu? Erkennen Sie, daß Ihre guten Taten nicht ausreichen, um Gottes Anerkennung zu erlangen? Daß Sie seine Anerkennung nicht dadurch erhalten können, daß Sie zur Kirche gehen oder Spenden für die Armen geben? Wenn Sie in das Reich Gottes eintreten, müssen Sie durch eine sehr schmale Tür gehen. Diese Tür steht in der Nähe eines Kreuzes. An diesem Kreuz hängt jemand, der eine schmutzige Last auf dem Rücken trägt. Sie schauen ihn an und erkennen mit Entsetzen, was das für eine Last ist. Sie sehen die schlechten Taten, die bösen Gedanken, die falschen Haltungen, die bösen Worte und die schlechten Gewohnheiten, die Ihr Leben bestimmen – Sie sehen Ihre eigene Schuld. Er schaut Sie direkt an und stellt Ihnen eine Frage: »Glaubst du an die gute Nachricht? Ich hänge hier für dich. Ich trage deine Last, damit du nicht von ihr erdrückt wirst. Bist du bereit, begnadigt zu werden, weil ich an deine Stelle getreten bin?« Es ist zwar sehr einfach, zu antworten: »Ja, Herr, ich danke dir so sehr«, aber es ist auch sehr demütigend. Auf einem anderen Weg ist aber noch niemand in Gottes Reich hineingekommen. Für Sie wird keine Ausnahme gemacht. Wenn Sie »die gute Nachricht« glauben, dann kommen Sie auf den Knien, Sie bitten um Gnade, Sie spüren Tränen der Dankbarkeit in Ihren Augen. Trifft das auf Sie zu? Dann knien Sie sich dort hin, wo Sie gerade sind, und danken Sie dem Herrn für das, was er getan hat, damit Sie angenommen werden. Vertrauen Sie ihm Ihr ganzes Leben an – als eine freudige Antwort auf ihn. Denken Sie daran, daß dieser Schritt nun immer gelten wird. Er wird Ihr Vertrauen nicht mißbrauchen.

Was dann? Solche Augenblicke gehen ja vorüber. Wie ist es mit der Zukunft, die Sie mit Christus erleben? Die ersten Jünger mußten etwas Wichtiges lernen: Daß sie Jünger waren. Das bedeutet soviel wie »Lerner«. Das ist so, wie wenn ein Fahrschüler die ersten Übungen im Straßenverkehr macht – am Auto sehen wir das Schild: »Fahrschule«. Im übertragenen Sinn müssen Sie nun ein ähnliches Schild an Ihrem Leben anbringen – und das Schild bleibt nun Ihr ganzes Leben hängen! Sie werden nie so weit kommen, daß Sie die »Fahrprüfung« bestehen und den »Fahrlehrer« nicht mehr brauchen. Er wird für den Rest Ihrer Lebensreise neben Ihnen auf dem Beifahrersitz sitzen, denn Sie haben ihn gebeten, einzusteigen. Er kennt alle Gefahren und Probleme, die Ihnen begegnen werden. Er hat unendlich viel Erfahrung. Er sagt Ihnen: »Folge mir.« Wie können Sie das tun? Da fallen mir sofort zwei Möglichkeiten ein.

Zuerst *entdecken Sie, welche Anweisungen er gibt.* Vorne im Auto liegt ein recht ausführliches Handbuch. In der Bibel finden Sie alles, was Sie über diese Reise wissen müssen, und Sie können darin erfahren, wie Sie die Reise erfolgreich bewältigen. Lesen Sie dieses Handbuch. Es gibt auch moderne Übersetzungen, etwa die »Gute Nachricht«. Es gibt auch Hilfen zum Bibellesen, zum Beispiel die Hefte vom Bibellesebund. Wenn Sie seinen Anweisungen folgen wollen, dann ist es dringend nötig, daß Sie das Handbuch studieren.

Das andere Element, das auch die ersten Jünger erkannten, liegt darin, daß *Sie ihm nicht allein nachfolgen.* Es ist ein Gemeinschaftsunternehmen. Die Jünger wurden gemeinsam berufen. Sie folgten ihm gemeinsam. Sie lernten einander lieben und vertrauen, weil Sie Jesus als ihren gemeinsamen Herrn hatten. Sie brauchen ebenfalls andere Christen, wenn Sie ihm richtig nachfolgen wollen. Finden Sie welche! Sagen Sie ihnen, was Sie getan und erlebt haben. Bitten Sie sie, Ihnen auf dem Weg zu helfen. Der Besuch eines Gottesdienstes ist ein »Muß«. Ebenso wichtig ist auch, daß Sie sich im informellen Rahmen mit einer Person oder einer Gruppe treffen, wo Sie sich entspannen können und Ihre Zweifel, Probleme und Stolpersteine zur Sprache bringen. Solche Gemeinschaft brauchen Sie unbedingt, besonders in der ersten Zeit. Machen Sie sich sofort auf den Weg, um diese Gemeinschaft zu finden.

Jesus hat für uns das gleiche Ziel wie für die ersten Jünger: »Ich werde euch zu Menschenfischern machen.« Wenn wir völlig unbedarft zu ihm kommen, sind wir alles andere. Er muß viel an uns arbeiten, wenn wir in seine Nachfolge treten und uns das Schild »Fahrschule« umhängen. Es ist aber sein Ziel, daß wir auch andere dazu bringen, ihn wichtig zu nehmen, ihn zu kennen, ihn zu lieben. Seine Strategie liegt darin, durch Menschen wie uns zu wirken, damit Menschen wie wir gewonnen werden. Das klingt recht einfach, und es ist eine effektive Methode – wenn wir sie zulassen. Manche sagen: »Ich kann unmöglich mit meinen Freunden über Religion reden.« Das verlangt aber niemand von Ihnen. Religion ist eine »schlechte Nachricht« – Jesus ist die gute Nachricht. Erzählen Sie ihnen, was Sie bei Ihrem Freund, Ihrem neuen Chef, Jesus entdeckt haben. Weil diese Aufgabe Ihr ganzes Leben ausfüllen soll, ist es um so besser, je früher Sie damit beginnen. Wenn Sie Ihr Leben Jesus anvertraut haben, dann gehen Sie hin und erzählen noch heute jemandem, was Sie getan haben. Sie müssen sich nicht unbedingt den größten, kritischsten Zweifler in Ihrer Bekanntschaft auswählen. Es ist aber wichtig, daß Sie ihren neuen Glauben sofort über die Lippen bringen. Heimliche Jünger kann Jesus nicht gebrauchen. Geheime Christen hatten noch nie einen großen Fang als Menschenfischer. Jesus verläßt sich darauf, daß Sie ihn Ihren Freunden weiterempfehlen. Die Kehrseite ist etwas, was für Jesus typisch ist. Wenn Sie tatsächlich Ihren Mut zusammenreißen und von ihm reden, auch wenn Sie noch so viel stottern, dann gibt er Ihnen eine große innere Sicherheit, daß Sie tatsächlich zu ihm gehören. Das ist der Sinn von Römer 10,9-10 und Markus 13,11. Diese Bibelstellen sind großartig – schauen Sie selber!

DER SPRUNG INS KALTE WASSER

Überlegen Sie immer noch, ob Sie den Sprung wagen sollen? Dann möchte ich Sie an eine wichtige Einzelheit aus der Bibelstelle aus Markus 1 erinnern, die weiter oben zitiert wurde. Jesus sagte nicht: »Folgt mir nach, und wir werden eine tolle Zeit zusammen haben.« Er sagte auch nicht: »Folgt mir nach, und ich werde euch viele gute Dinge geben.« Er versuchte nicht, ihnen zu schmeicheln oder an ihr Mitgefühl zu appellieren: »Bitte, bitte, folgt mir nach.« Es war ein Befehl. Er machte keine Umschweife. Wir müssen davon ausgehen, daß er ihnen schon gezeigt hatte, wer er war, und was er für sie tun konnte. Jedenfalls wissen *wir* darüber gut Bescheid. Nun sagt er, sozusagen: »Worauf wartest du? Entscheide dich! Denke nicht an die Vorteile, die du erhältst. Erwarte nicht, daß das Leben leichter wird; ganz im Gegenteil. Entscheide nicht deswegen, weil ich dich liebevoll bitte (obwohl ich das tue). Komm vielmehr und folge mir nach, weil das die einzig mögliche richtige Reaktion auf meine Liebe ist, die so viel für dich getan hat. Komm, folge mir nach, weil du auf keinem anderen Weg das Leben findest, das du auch anderen weitergeben kannst. Ich gebe dir keinen Ratschlag. Ich bitte dich nicht darum. Ich, dein Herr und dein Gott, bin bereit, dein Heiland und dein Freund zu sein. Ich fordere dich auf. Komm, folge mir.«

Was hält Sie noch zurück?

12

DER WEG DES WACHSTUMS

Eine berühmte Arbeitsvermittlung in London rühmte sich vor vielen Jahren mit dem Slogan, ihr Wachstum rühre daher, daß sie ihre Aufgaben wichtig nehme. Da ist viel Wahres dran. Wachstum im Geschäft geschieht nicht zufällig – und das gilt auch für Ihr Leben als Christ. Sie wachsen nur, wenn Sie die Aufgaben wichtig nehmen.

Das Neue Testament erwartet auf jeden Fall, daß wir wachsen. Dabei sollen wir aber nicht hochmütig werden und uns aufplustern. Wir werden uns nicht immer mehr unserer Verdienste bewußt, wenn wir mit Christus vorangehen. Ganz im Gegenteil – je mehr Zeit wir in seiner Gegenwart verbringen, desto klarer erkennen wir, wie wir wirklich sind, desto klarer sehen wir, daß jeder Fortschritt in unserem Leben nur ihm zuzuschreiben ist, nicht uns. Simon Petrus lernte das durch bittere Erfahrung. Er war überzeugt, daß er Jesus nie enttäuschen könnte – aber dann verleugnete er ihn gleich dreimal an dem Abend, als Jesus verhaftet wurde. Später schreibt er: »Alle aber miteinander haltet fest an der Demut; denn Gott widersteht den Hochmütigen, aber den Demütigen gibt er Gnade. So demütigt euch nun unter die gewaltige Hand Gottes, damit er euch erhöhe zu seiner Zeit« (1. Petrus 5,5-6). Unser Wachstum findet auf ganz anderen Gebieten statt.

WACHSTUM DURCH NAHRUNGSAUFNAHME

Unabhängig davon, in welchem Lebensalter Sie zum Glauben kommen, beginnen Sie Ihr christliches Leben als geistliches Baby. Genau wie ein Baby sich nach der Flasche sehnt, sehnt sich auch der neue Christ nach der »vernünftigen lauteren Milch wie die neugeborenen Kindlein, damit ihr durch sie zunehmt zu eurem Heil« (1. Petrus 2,2). Zur geistlichen Milch gehört auch das Lesen in der Bibel, und es ist dabei eine große Hilfe, dazu ein Bibellesesystem zu verwenden, zum Beispiel vom Bibellesebund (Sie erhalten es im christlichen Buchhandel oder am Gemeindebüchertisch), und auch einen christlichen Freund zu finden, der die Bibel mit Ihnen liest und Ihnen weiterhilft. Zur geistlichen Nahrung gehört jedoch noch mehr, zum Beispiel auch das Gebet – und auch dazu brauchen Sie Hilfe. Auch das Abendmahl gehört dazu; es ist ein Mahl, das Jesus für uns einsetzte, damit wir uns an ihn erinnern, und wir sollten regelmäßig an diesem Mahl teilnehmen. Dabei erinnern wir uns nicht nur daran, daß wir alles seinem gebrochenen Leib und seinem für uns vergossenen Blut verdanken; darüber hinaus ist es ein Mahl der Gemeinschaft mit unserem auferstandenen Herrn, bei dem wir uns auch darauf freuen, nach diesem Leben mit ihm zusammenzusein.

WACHSTUM DURCH GLAUBEN UND VERTRAUEN

»Wir müssen Gott allezeit für euch danken, liebe Brüder, wie sich's gebührt. Denn euer Glaube wächst sehr« (2. Thessalonicher 1,3). Die neuen Christen in dieser nordgriechischen Stadt lernten, dem Herrn zu vertrauen, den sie nicht sehen konnten. Sie hatten Vertrauen zu ihm, daß er sie in ihrer Liebe für andere Christen aufbauen würde, daß er sie lehren würde, daß er sie durch schwierige Zeiten hindurchbringen würde. Sie vertrauten ihm ihre Probleme an, sowie alle Fragen, bei denen sie seine Führung brauchten. So wuchsen sie in ihrer Zuversicht und in ihrer Erfahrung mit dem Herrn. Im Alten Testament steht: »Befiehl dem Herrn deine Wege und hoffe auf ihn, er wird's wohlmachen« (Psalm 37,5). Die Thessalonicher lernten, wenn auch etwas zaghaft, in diesem Vertrauen zu wachsen. Sie können das auch. Es ist ein wichtiger Faktor in Ihrem Wachstum.

WACHSTUM DURCH TEILEN

Das Christentum ist kein Solounternehmen. Es wird im Team verwirklicht. Gott hat kein Interesse daran, nur Einzelne zu verändern. Er möchte zeigen, was er in einer Gemeinschaft tun kann, die ihm vertraut. Im Neuen Testament kommt das an verschiedenen Stellen zum Ausdruck. Hier sind einige Beispiele aus einem einzigen Brief, der an die Christen in Ephesus gerichtet war, der damals wichtigsten Stadt der Türkei. Der Apostel sagt ihnen, daß sie wie die Glieder an einem Leib sind. Sie sollen wachsen, und in ihrem Wachstum auch mit allen anderen Schritt halten, damit der ganze Leib koordiniert bleibt. »Laßt uns aber wahrhaftig sein in der Liebe und wachsen in allen Stücken zu dem hin, der das Haupt ist, Christus, von dem aus der ganze Leib zusammengefügt ist und ein Glied am andern hängt durch alle Gelenke, wodurch jedes Glied das andere unterstützt nach dem Maß seiner Kraft und macht, daß der Leib wächst und sich selbst aufbaut in der Liebe« (Epheser 4,15-16). Ist das nicht ein wunderschönes Bild dafür, daß wir eine enge, unterstützende christliche Gemeinschaft brauchen? Mit einem anderen Bild drückt er es in Kapitel 2, Verse 20-22 aus. Hier werden Christen nicht als Glieder beschrieben, sondern als Steine in einem Gebäude. Beim Zuschauen sieht er gleichsam, wie »der ganze Bau ineinandergefügt wächst zu einem heiligen Tempel in dem Herrn. Durch ihn werdet auch ihr miterbaut zu einer Wohnung Gottes im Geist.« Ist das nicht ein großes Geschenk? Bekommen unsere Beziehungen zu anderen Christen dadurch eine neue Perspektive? Wir können dadurch wachsen, daß wir Zeit miteinander verbringen. Allein können wir das nicht.

WACHSTUM DURCH FRUCHT

In Kolosser 1,10 sehnt sich Paulus danach, daß die Kolosser ein Leben führen, das des Herrn würdig ist, daß sie es lernen, ihm in allem zu gefallen, was sie tun, daß sie in jedem guten Werk Frucht bringen, und in der Erkenntnis Gottes wachsen. Frucht ist eine natürliche Folge des Wachstums, und das gilt auch, wenn der Heilige Geist in den Boden unseres Lebens eingepflanzt wird. Das Wort »Frucht« meint im Neuen Testament meist eine Änderung in unserem Charakter und die Bekehrung anderer zum Glauben an Jesus. Gott sehnt sich danach, dies zunehmend im Leben seiner Jünger zu sehen.

Nichts von diesen Aspekten des Wachstums geschieht durch Zufall. Wenn Sie durch Nahrungsaufnahme wachsen wollen, müssen Sie die Bibel herausholen, in die Gemeinde gehen und anfangen zu beten. Wenn Sie im Glauben wachsen wollen, müssen Sie ihm Ihre Probleme und Ihre Versuchungen anvertrauen. Wenn Sie in der Gemeinschaft mit anderen Christen zu einem Leib, einem Tempel zusammenwachsen möchten, müssen Sie es mit anderen Christen durchhalten. Wenn Sie Frucht tragen möchten, müssen Sie den Heiligen Geist bitten, Ihren Charakter zu verwandeln; Sie müssen Ihren Mut zusammennehmen und Ihren Mund öffnen. Diese Dinge erfordern bewußte Handlungen. Aber so ist es mit dem Wachstum. Sie wachsen nur, wenn Sie die Aufgaben wichtig nehmen. Seien Sie bitte kein geistlicher Zwerg.

Erfolg haben Sie nur, wenn Sie ihn wichtig nehmen …